2023年主题出版重点出版物
2023年度"中国好书"
第十三届全国少数民族文学创作骏马奖获奖图书

"村BA"：观察中国式现代化的一个窗口

—— 台盘村乡村振兴故事

姚瑶／著

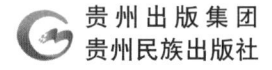

贵州出版集团
贵州民族出版社

图书在版编目（CIP）数据

"村BA"：观察中国式现代化的一个窗口：台盘村乡村振兴故事 / 姚瑶著. — 贵阳：贵州民族出版社，2023.12（2024.8重印）

ISBN 978-7-5412-2841-4

Ⅰ.①村… Ⅱ.①姚… Ⅲ.①纪实文学—中国—当代 Ⅳ.①I25

中国国家版本馆CIP数据核字(2024)第042986号

"村BA"：观察中国式现代化的一个窗口——台盘村乡村振兴故事
"CUN B A"：GUANCHA ZHONGGUOSHI XIANDAIHUA DE YIGE CHUANGKOU
——TAIPANCUN XIANGCUN ZHENXING GUSHI

著　　者：姚　瑶

出版发行：贵州民族出版社
地　　址：贵州省贵阳市观山湖区会展东路贵州出版集团大楼
印　　刷：贵阳精彩数字印刷有限公司
版　　次：2023年12月第1版
印　　次：2024年8月第4次印刷
开　　本：787 mm×1092 mm　1/16
印　　张：17.25
字　　数：280千字
印　　数：35 001—41 000册
书　　号：ISBN 978-7-5412-2841-4
定　　价：58.00元

序　言

"村BA"是个新词，我第一次听说，是出自贵州青年作家姚瑶之口。他说贵州省黔东南苗族侗族自治州台江县台盘村有个乡村篮球赛，传播之广，遍及世界。我将信将疑。他问我能否写成一部书。我的回答是，此为中国乡村的"新事物"，不妨追踪了解，掌握素材。岂料半年之后，姚瑶的书都写出来了，并一再邀我为其写序。

认识姚瑶很偶然。

2019年冬天，姚瑶作为新晋的中国作家协会会员，来北京培训。在此期间，我们有个雅集，酒是他从贵州带来的人民小酒。习近平总书记在参加党的十九大贵州省代表团讨论时，与贵州省盘州市淤泥彝族乡岩博村党委书记余留芬的一场对话，让人民小酒一夜走红。为姚瑶的有心，我对他及贵州有着别样的感情，开始关注他的创作。

对于贵州，我一点也不陌生。我的老家在云南昆明，云贵高原共享同一片天空。过去几十年，我每年从北京回昆明休假，探望父母，从陆上行，必经贵州之境。

贵州的地理气候，常被人形容为"天无三日晴，地无三里平"。其实，那是过去的贵州。毋庸讳言，贵州的地理地貌，本不具有多少区位优势。乌蒙磅礴，乌江险峻，贵州是中国唯一没有平原的省份。贵州是典型的喀斯特地貌，地质复杂，溶洞遍布。蜀道难，而黔道更难。在《史记》里，因司马

"村BA"：观察中国式现代化的一个窗口
——台盘村乡村振兴故事

迁有关夜郎的记载，使得人们后来常常用"夜郎自大"来形容不自量力的人；因唐代柳宗元的《三戒·黔之驴》，"黔驴技穷"这个成语似乎使人们对贵州的态度更多了几分揶揄的意味；李白被流放夜郎时，望天而叹："夜郎万里道，西上令人老""去国愁夜郎，投身窜荒谷"。这些标签的存在，让贵州在很长一段时间被忽视，进而影响了贵州的发展。

但是，随着中华人民共和国的成立，贵州发生了翻天覆地的变化，尤其进入新时代的10余年间，精准扶贫，县县通高速，旅游业井喷……令贵州异军突起，引起了全国人民的关注。

谁也想不到，2020年11月23日，贵州省人民政府宣布全省剩余的9个未摘帽的贫困县全部退出贫困县序列。至此，贵州66个贫困县全部脱贫摘帽，923万贫困人口全部脱贫，192万人搬出大山，减贫人数、易地扶贫搬迁人数均为全国之最……

谁也想不到，曾经"地无三里平"的贵州由"不平"变"平"，实现了从"千沟万壑"到"高速平原"的精彩蝶变；曾经"人无三分银"的百姓，正信心满满地走在小康大道上。在新时代贵州赶超跨越的"黄金十年"，这里发生了沧海桑田般的变化，彻底撕掉千百年来的绝对贫困标签，书写了中国减贫奇迹的贵州精彩篇章。

藏在深山无人识，一举成名天下知。这一场篮球赛让大山深处的台盘村彻底火了，也促使这个小小的村寨发生了翻天覆地的变化。纯粹的"村BA"让我们看见了体育最本真最美的样子，让我们看见乡村振兴最好的样子，从那一张张洋溢着快乐的笑脸中，我们看见了更美好的未来。

谁也想不到，一百多年前由美国人发明的篮球，会让大洋彼岸一个僻静的村寨火爆"出圈"。2022年的夏天，这个只有272户人家，人口不到1200人的苗族村寨迎来了浩浩荡荡的198支篮球队，如此盛况，在一夜之间通过网络为天下人所知。"村BA"被中央广播电视总台赞誉为"观察中国式现代化

序　言

的一个窗口"。

谁也想不到，在2020年3月以前，贵州省黔东南苗族侗族自治州台江县台盘乡的台盘村还是一个深度贫困村，而现在，它已经大踏步走在乡村振兴路上。

谁也想不到，2023年6月7日，一纸红头文件下发，由农业农村部、国家体育总局联合发布通知，决定组织开展全国和美乡村篮球大赛（村BA），总决赛在"村BA"发源地台江县台盘乡台盘村举行。台盘村的"村BA"由此蝶变为中国"村BA"。

台盘村，因为篮球，为更多的人所熟知，承载着中国"村BA"响亮的名号，厚植经久不衰的乡土魅力。

走进台盘村，一幅乡村振兴的精美画卷正徐徐打开。

这个小山村发生的一切，已经震撼了我。

读完青年作家姚瑶的这部纪实文学作品，我仿佛一下子就身处祖国西南地区大山深处的台盘村。这一刻，我和这个村寨的各民族同胞一样热血沸腾。他们热爱篮球、热爱生活，为了梦想不断拼搏。我为他们身上彰显出的永不言败、永不放弃、勇于拼搏的篮球精神而感动。

当姚瑶把这部纪实文学作品摆在我面前，请我指正并嘱我写序时，我欣然答应。他选择以纪实的方式去展示这一题材，找到合适的观察角度，以最直接的视角触及"村BA"的来龙去脉，抒写一个小村庄历经脱贫攻坚后走在乡村振兴路上的新变化、新景象。从这部作品的体裁来看，姚瑶能够在纪实文学创作的领域积极探索，实属难得。我对此感到欣慰。

姚瑶长期生活在黔东南地区，那一方神秘的土地给了他丰富的文学滋养，为他的文学创作积累了独特的素材。这些年来，他在《民族文学》《诗刊》《山花》等刊物上发表了大量作品，也得到一些荣誉。迄今为止，他的《疼痛》《芦笙吹响的地方》《烛照苗乡》《守望人间最小的村庄》《侗箫与笙歌：一个侗族人的诗意生活》等多部作品已出版发行。这对于一名在电

"村BA": 观察中国式现代化的一个窗口
——台盘村乡村振兴故事

力行业工作的业余创作者来说，委实不易。

读姚瑶这部新作，事实上是他以在场者的身份带着我走进了"村BA"。"现象级"的"村BA"火爆"出圈"，一定有着深层次的原因。据说，姚瑶从2022年夏天台盘村的"村BA"火爆后就有想法，十月份动笔创作这部作品，多次深入采访，反复思考，生动记录在文化资源和"流量密码"加持下台盘村"村BA"的故事。

正如他在文中所言："我在这个村寨看到了百姓的欢喜、村庄的繁荣、国家的兴旺，看到了基层的有序治理，看到了各民族同胞在中国共产党的领导下，信心百倍地走在蓬勃的乡村振兴之路上。"时至今日，名不见经传的台盘村为探索新时代乡村振兴提供了观察样本，其经验和路径值得我们进一步探究。作为一名作家有责任把这一事件记录下来，基于这一点，姚瑶已经在努力。我们期待他的下一部作品呈现更多的精彩。

在它华丽转身之后，让我们一起去寻找这个村寨振兴的"文化密码"吧。

徐剑[①]

2023年8月

---

① 徐剑，著名作家，中国作家协会第八届、九届、十届全国委员会委员，中国报告文学学会会长，文学创作一级，享受国务院特殊津贴专家，中宣部全国宣传文化系统文化名家暨"四个一批"人才，全国中青年德艺双馨文艺工作者。

前　言

2022年夏天，一场村级的篮球比赛，几万人现场围观，进而引来网络几十亿的浏览量，在线上线下蔓延成一场"现象级"的全民嘉年华，让世界的目光聚焦于此。这个叫台盘的村寨举办的篮球赛被中央广播电视总台誉为"观察中国式现代化的一个窗口"。

随着"村BA"的持续走红，"村BA"成为贵州耀眼的"热词"、台盘村烫金的名片。像星星之火一样点燃了乡村群众全民健身热潮的"村BA"，似乎成了全国所有乡村篮球赛统一的称呼。中国乡村体育运动的激情奔涌在振兴的大道上。

书写和记录新时代的山乡巨变，特别是"村BA"成了我这两年思考最多的事。对一名作家来说，聚焦时代、淬炼主题、站稳立场都是应尽之责，我不能置身事外。作为亲历者，我以更加主动的姿态去寻找隐藏在村庄深处的光芒，找到"出圈"的"文化密码"，记录各民族和谐共生的时代画面。

遇见是一件诗意的事情。我想，这个激活"一江春水"的篮球是诗意的，台盘村的父老乡亲是诗意的。为此，我写下了《"村BA"的诗和远方》。

"村BA"：观察中国式现代化的一个窗口
——台盘村乡村振兴故事

一

一个篮球在台盘村"引爆"

释放乡村振兴的密码，我的梦想

在远方，在苗岭

我在祖国僻静的小村庄

写下一行行诗歌

二

从1936年起，篮球在这里

唤醒了沉睡的大地，写下传世的篇章

那一声欢呼，怀抱最原始的热爱

星星之火点亮了信仰的灯盏

一个篮球找到了归宿

三

我们放下农具，卸掉一身疲惫

在球场上谈理想，谈人生

谈论一首诗的平仄

我们的喉咙里发出有力的呐喊

一个篮球已嵌入生命

四

他说："哪怕是'棉花篮球'也不影响，只要快乐就好。"

他说："总要留下一些不变的东西。"

前 言

他说:"像组织篮球赛一样治理乡村。"

他说:"用打篮球的精神去振兴乡村,没有做不好的。"

他说:"重要的是全力拼搏的过程。"

9岁的他说:"像詹姆斯一样扣篮,成为台盘村的球星。"

他们说:"野得有味,土得掉渣,但我们喜欢。"

……

五

不知从什么时候起,我在为篮球牵肠挂肚

它的简单快乐属于这里的山水

属于一缕风吹过夏天的田野

属于这块神秘的土地

六

当世界给了无数的掌声、呐喊

这个村庄已沸腾。我知道,这一个篮球

构筑了诗意的理想主义

走出台盘,走出台江,走出贵州,走向了世界

我看到了万物萌发

七

我写下了纯粹,写下了快乐

此刻,芦笙吹出了最美的旋律

此刻,"苗迪"跳出了最动人的舞姿

"村BA"：观察中国式现代化的一个窗口
——台盘村乡村振兴故事

> 此刻，在空中划过的篮球
> 带着光芒。我已经看到了诗和远方

"村BA"超越了一场篮球比赛本身的意义，为各民族交往交流搭建了广阔的平台，已经由一场篮球赛升华为一个关于文化自信、乡村文明、乡村振兴的文化事项。它向世界展现了我国各民族同胞和睦相处、共同繁荣进步的美好画卷。

我无数次走进台盘村，每一次采访都会有全新的感受。我为他们的淳朴、善良、可爱而感动，为他们热爱篮球、热爱运动、热爱生活的精神而感动，为他们身上彰显出来的永不言败、永不放弃、勇于拼搏的篮球精神而感动。他们个体的命运诠释了时代的活力。在他们的故事里，我们聆听到了时代的足音。

乡村振兴，关键在人。在岑江龙、李正恩、张寿双等一群回村年轻人的身上，我看到了振兴的动力；在对陆大江、龙文发等第二代球员采访的过程中，我看到了文化延续的希望。篮球运动激活了台盘村的"一江春水"，乡村振兴的大幕在这片热土徐徐拉开。

是这个时代孕育了伟大的人民，是这个时代的人民开创了伟大的事业，创造了火红的生活图景。在台盘村，乡亲们在中国共产党的领导下，信心百倍地走在蓬勃的乡村振兴之路上。这个村寨的生动实践使之成为脱贫攻坚衔接乡村振兴的新样本，为探索乡村振兴提供了新参考。

对"村BA"正在发生的和曾经发生的事情进行呈现和回望，是一种责任，更是一种担当。这就是我在党的二十大胜利闭幕后走进台盘村采访的真实想法。

作为一名作家，时代需要我们讲述身边感人的故事，以满足人民对美好

前　言

生活的向往，增强人民群众的精神力量。在"村BA"火热的背后，"以赛助旅、以赛扶产"全产业链条和消费新场景、产业新模式、旅游新业态正在形成，人民对美好生活的向往已经成为全面推进乡村振兴的巨大动力。

"村BA"方兴未艾，未来可期。

姚瑶

2023年8月

目录 Contents

台盘风貌 / 1

芦笙吹响的地方 / 2

斗牛者的鼓 / 9

红色苗岭秀 / 14

连通世界的幸福路 / 20

和谐苗寨，文明乡风 / 26

托起山乡美好未来 / 34

台盘村的蝶变 / 40

"村BA"，决胜小康的硕果 / 48

揭示"村BA"火爆的密码 / 56

"村BA"前传 / 63

落地生根：台盘"乡味"篮球史 / 64

高光时刻："苗寨女篮"展风采 / 72

历史见证："村BA"一步一步走来 / 79

青春筑梦：篮球情缘 / 85

火爆"出圈" / 95

寂寥村庄，在喜鹊的欢叫声中醒来 / 96

火爆"出圈"，震撼全网的神变 / 104

欢乐"苗迪"：我的主场我做主 / 114
功到自然成："村BA""出圈"非偶然 / 121
绝无仅有："村BA"唯一的姓氏 / 127
体育狂欢，"天亮文化"新高度 / 136
赛事赋能，激活旅游的"一江春水" / 143
全民嘉年华：共享民族团结盛宴 / 152

"村BA"中的那些人 / 163

驻村第一书记的第一场球赛 / 164
篮球精神传承者的纯粹与力量 / 175
致富能手的家庭篮球队 / 188
篮球队长的振兴观 / 195
"'村BA'球王"的责任担当 / 201
公正无私的裁判 / 207
幽默风趣的解说员 / 212
返乡创业者的忙碌 / 217
元元之民的诚信 / 222

"村BA"的未来 / 227

从台盘"村BA"到中国"村BA" / 228
奔跑吧，我和我的村 / 237
苗寨明天更美好 / 245

后记：从"村BA"到"村超" / 251

台盘风貌

"村BA":观察中国式现代化的一个窗口
——台盘村乡村振兴故事

▶ 芦笙吹响的地方

一碗米酒燃烧着一个民族的精魂

一路笙歌点缀着一个民族的情怀

芦笙吹响,群山苍茫

芦笙吹响,银饰舞动

当一切都归于宁静,只剩下

清水江流淌的声音,在我的血管中千回百转

——题记

2023年7月20日,晴空万里。

台盘村党支部副书记李正彪站在房屋三楼的窗口,远望青山绿水,心中的喜悦油然而生。多年来,他保持着站在窗口远眺的习惯。他相信大山之中有着无限的精彩,每天都上演着各种可能。此刻,一列动车正好穿过对面山中的隧道。动车进入隧道时发出的声音和飞快的速度让他对未来充满信心。2015年6月18日,沪昆高速铁路贵州东段开通。动车的来往打破了这个小村庄的宁静。但慢慢地,他也习惯了动车穿过隧道时形成的那种短暂的呼啸。

这一天,台盘村过"六月六"吃新节,篮球赛休赛。家家户户精心准备丰盛的食物,在家庆祝"六月六"吃新节。李正彪一大早就起来准备午餐,他家的堂屋里坐满了来过节的亲戚朋友。"六月六"吃新节的中午饭,他们从中午一直吃到了晚上,其间,大家还满脸幸福地唱起了敬酒歌。

傍晚时分,他们兴高采烈地来到门口的空地上,围坐在一起吹起了芦笙曲,跳起了芦笙舞。悠扬的芦笙曲在寨子里回响……

芦笙吹响的地方,就是心灵栖息的地方。

这些年来,我一直在黔东南的苗乡侗寨里诗意地游走。每到一处,我都会对当地的民俗进行探究,挖掘民族文化元素,以诗意命名当下的生活,尽量让大千万物在我的文字里找到栖息之地。

据相关资料介绍,"芦笙"这一专用乐器名称较早出现于明代的史料记载中。据倪辂《南诏野史》载:"每岁孟春跳月,男吹芦笙、女振铃唱和,并肩舞蹈,终日不倦。"钱古训《百夷传》载:"村甸间击大鼓,吹芦笙,舞干为宴。"到了清代,陆次云在其所撰的《峒溪纤志》一书中写道:"(男)执芦笙。笙六管,长二尺……笙节参差,吹且歌,手则翔矣,

一曲芦笙,激荡人心(杨建国 摄)

"村BA":观察中国式现代化的一个窗口
——台盘村乡村振兴故事

在庆祝活动中,人们吹响了芦笙曲,跳起了芦笙舞(杨建国 摄)

足则扬矣,睐转肢回,旋神荡矣。初则欲接还离,少则酣飞畅舞,交驰迅逐矣。"

芦笙,为西南地区苗族、瑶族、侗族等民族的簧管乐器。林继富和彭书跃所著的《民间故事讲述人与苗族"花场"的建构》里记载,芦笙相传为苗族祖先告且、告当所造。告且和告当造出日月,又从天公家里盗来谷种。谷种播撒后,长势却不佳。为了解忧,告且与告当从山上砍来六根苦竹,扎成一束,吹出了动听的乐曲。稻谷因此焕发生机,让人们获得了大丰收。

在这个传说里,人们把吹奏的芦笙与果腹的稻谷联系在一起,使我想到音乐与饮食融合的魅力。在礼乐制度盛行的周朝,需要由专人在君王进食时进行乐器演奏,并以歌舞助兴。在汉朝,朝廷还专门成立了乐府。唐朝时期,民间音乐的发展也是蔚为大观。

芦笙文化是黔东南苗族、侗族音乐文化的重要组成部分。表演者在吹奏芦笙时，将词、曲、舞三者融为一体，保持了少数民族文化艺术的古朴，体现了少数民族同胞能歌善舞的特点。

芦笙是台江苗族同胞喜爱的乐器之一。逢年过节，他们都要举行各式各样、丰富多彩的芦笙会。

台江县位于贵州省东南部，被喻为"金银般美丽的地方"。5.2亿年前，台江地区曾是一片汪洋大海，远古生命在海洋中孕育演变，沉淀为珍稀罕见的寒武纪古生物化石群。唐代，台江隶属于应州的陁隆县，宋、元、明时为"化外生苗地"。清雍正十一年（1733年），建台拱厅。1913年，设台拱县。1941年，撤丹江县，以丹江河、羊排小溪向东顺山脉为界，东北部地域划入台拱县，县名由此被更改为"台江"，取台拱之"台"与丹江之"江"。

台江县环城路矗立着巨幅石雕画"苗族五次大迁徙图"。在宏大的历史背景下，迁徙构成了苗族历史重要的叙事内容。历史苍茫浩瀚，部分苗族先辈在辗转多地后，选择在台江地区繁衍生息，创造并传承了勇敢的民族精神和璀璨

台江一景（潘丽宾 摄）

"村BA":观察中国式现代化的一个窗口
——台盘村乡村振兴故事

的民族文化。

台盘村隶属贵州省黔东南苗族侗族自治州台江县台盘乡,位于台江县城东部。台盘村,苗语称"掌究(Zangx Jel)","掌",苗语意为"坪"或者"堤";"究",苗语意为"卷缩"或"卷盘"。"掌究"全意为"龙盘式的坪子",形容台盘村的地貌如同一条卷曲盘桓的巨龙。清代,朝廷认为这里是"龙盘"之地,在此设屯驻军,起名"台盘"。此地亦有"屯上"之名。

台盘村苗族同胞众多,有丰富多彩的民族传统节日,如牯藏节、芦笙节、苗年、吃新节、斗牛节等。其中,吃新节是一个重要的传统节日,因为"吃新"意味着人们吃到新的劳动果实,看到新的希望,生活也有新的盼头。吹芦笙曲和跳芦笙舞都是台盘村吃新节的重要项目,以欢腾的歌舞庆祝丰收。

人们以盛大的仪式庆祝丰收(杨建国 摄)

台盘风貌

鸟瞰处于大山之中的台盘村,景色如画(曾皓飞 摄)

  2022年夏天,在台江县台盘村举办的"六月六"吃新节篮球赛火遍全网。篮球赛的场地是村口的球场,比赛由村民组织,参赛者以村民为主,是一场原汁原味的村级篮球赛。

  此刻,芦笙吹响,我正在"村BA"火爆"出圈"的台盘村,一段激越的芦笙曲穿云破雾而来,打破了这个小小的苗寨亘古的沉寂。

  丢不掉的乡愁乡味,忘不掉的人间烟火。我一直在思考,应该以怎样的方式进入台盘村去寻找人们的乡愁?以游子回乡的方式,或许才能找到最佳切入点。

  在台盘村,是可以找到浓浓乡愁的。台盘村的"村BA",是"野",是人间烟火,更是浓浓的"乡土气"。这种"乡土气"就是剪不断理还乱的

"村BA": 观察中国式现代化的一个窗口
——台盘村乡村振兴故事

乡愁。

"自台江县有篮球运动以来，台盘村经常举办篮球赛，至今从未间断。家乡的球赛是一种难舍的乡愁，我们在'村BA'里找到了文化传承、乡愁记忆的价值和意义。"台盘村村民委员会主任（以下简称"村委会主任"）、篮球协会会长岑江龙如是说。"村BA"深藏着关于乡村的记忆和温度，深藏着新时代文明图景的文化符号和精神密码。台盘村的村民李正恩笑着说："我们台盘村打篮球，靠的就是一个'野'字。怎么快乐怎么打。"我从这个"野"字里感受到了他童年无限的乐趣，以及浓浓的乡愁。

在台盘村篮球场外的"村BA"主题商品专卖店里，各种商品琳琅满目。"Taipan66"的字样被印制在球衣上，表示台盘村"六月六"的吃新节。篮球上有蝴蝶和鹡宇鸟的图案，象征吉祥如意。竖起的芦笙，喻示着苗族的蓬勃生机。

在"村BA"看台上熠熠生辉的"全民健身"几个大字，显得格外庄重。"村BA"赛场上，接地气的"苗迪"跳了起来。银饰叮当、笙歌阵阵，舞步翩跹、裙摆飘飘，激越的芦笙曲响起，各民族同胞迈着自信的步伐向我们走来……

台盘风貌

▶ 斗牛者的鼓

> 我常把篮球场比喻成斗牛场
>
> 针尖与麦芒的对峙
>
> 一定碰撞出绚丽的火光
>
> 顶住斗牛锋利的角
>
> 宁可血洒赛场
>
> 也不后退半步
>
> ——题记

世代相传的太阳鼓已经敲响,两头斗牛来到了斗牛场。苗族民间认为,太阳鼓是神灵的化身,是神圣的祭器。整套苗族鼓舞气势磅礴,鼓点节奏明快,鼓手的动作行云流水。那铿锵的鼓点和浑厚的鼓声,动人心弦,催人奋进,震撼心灵。

在响亮的鼓声中,一场搏斗已经拉开帷幕……

苗族是中国古老的民族之一,在不断适应环境

鼓声响亮,催人奋进(刘开福 摄)

"村BA"：观察中国式现代化的一个窗口
——台盘村乡村振兴故事

精彩的斗牛比赛（杨建国 摄）

的过程中，他们创造了丰富多彩的民族文化。同时，与牛相关的文化记忆也在苗族文化中占有重要的位置。他们把牛视为健康、强壮、勤劳、拼搏的象征。

作为黔东南苗族和侗族人民喜爱的民间娱乐活动之一，重大节日期间，斗牛比赛必不可少。斗牛不仅是一种集体活动，还是一种民俗文化。在节假日期间，人们常常通过斗牛这种方式来祈求风调雨顺、五谷丰登、家庭兴旺、幸福吉祥。

我曾经观看了一场激烈的斗牛大赛。芦笙吹响，鼓声密集。迅速地，斗牛摆开架势，低着头，眼睛发红。这充满激情的场景，让观赛的人们热血沸腾。

阳光洒在斗牛场上，两头健硕的斗牛蓄势待发，人群欢呼雷动，"呜——呜——"的呼声经久不息。两头斗牛的头重重地撞在一起，发出沉闷的声响，随即一头牛倒下，另一头战胜的斗牛斗红了眼睛，满场子奔跑……鼓声响起，震撼人心。斗牛者用力地敲击他的鼓，铿锵有力的鼓声，让牛兴奋。牛再一次走向战场。充满野性的斗牛活动,让村寨的节日气氛达到了高潮。

对于苗族而言,人与牛之间有着不解的情结,他们之间深厚的情谊世代相传。

黔东南苗族侗族自治州雷山县望丰乡乌响村,有一头被称为"雷公王"的斗牛。它天赋异禀且极通人性,一生中斩获多次斗牛比赛的冠军。2006年的春天,这头牛迎来了它一生中的高光时刻。在榕江县的一场牛王争霸赛中,全场座无虚席,大家都想来看看这位新晋的"明星"和往年的冠军一较高下。那次比赛,这头牛获得了"雷公王"的称号。在之后的十年当中,"雷公王"参加的大赛共计二十余场,而在这些比赛中它竟无一败绩。这让它成为雷山县乃至黔东南苗族侗族自治州赫赫有名的"常胜将军"。

再勇猛的战士也抵不过漫长岁月,身经百战的"雷公王"于2009年正式退出比赛,就此落下其"职业生涯"的帷幕。之后,"雷公王"在家"颐

盛大节日里,苗族同胞在太阳鼓前吹起芦笙曲(蔡兴文 摄)

"村BA": 观察中国式现代化的一个窗口
——台盘村乡村振兴故事

养天年"。当它离开这个世界时，村里的人和来自各地的斗牛爱好者共五百多人参加了它的告别仪式。苗族同胞吹着芒筒、芦笙和唢呐为"雷公王"送行，用最高礼仪安葬了它，并为它立碑纪念。

从斗牛比赛来看台盘村篮球赛的火爆"出圈"，会发现这两者有着较强的关联性。勤劳、勇敢的苗族人民生生不息、奋斗不止。斗牛在苗族源远流长的原生态文化里，仿佛是一根导火索，会点燃人们身上蕴藏的斗志。在台盘村，人们通过篮球比赛找到了这种精神的引爆点，把篮球比赛永不言败、永不放弃、勇于拼搏的精神与斗牛精神紧密结合。"村BA"激活了火热的乡村生活、点燃了传统文化的火种，成为鲜明的文化符号，具有特殊的精神意义。

"呜——呜——"观众的喝彩声、欢呼声、尖叫声不绝于耳，响彻山谷，将赛场热度推向巅峰。在台盘村"村BA"的篮球场上，我听到了这种久

篮球运动员在赛场上奋力拼搏（曾皓飞 摄）

违的声音。这声音是来自人们心底的呐喊。这种响彻云霄的呐喊声,在贵州省黔东南地区的斗牛场观众席上常常听到,而在篮球场上却不多见。这声音,不仅是斗牛场里的欢呼呐喊,还同样营造了篮球场上的热烈氛围。

"村BA"的吉祥物——"村宝宝"（姚瑶　摄）

在篮球场上,裁判口哨一吹响,奔跑的球员"扣篮""后仰跳投""盖帽",将那种奋力拼搏、勇往直前的精神风貌展现得淋漓尽致。在台盘村这片土地上,篮球赛和斗牛赛一样,燃烧着不变的激情。

"我们在设计吉祥物的时候,充分考虑到了斗牛的传统。"岑江龙告诉我,苗族对牛的深厚感情可以在"村BA"的吉祥物——"村宝宝"里找到答案。

牛在斗牛场上,精神抖擞,勇往直前。

人在篮球场上,激情如火,永不退缩。

"村BA": 观察中国式现代化的一个窗口
——台盘村乡村振兴故事

▶ 红色苗岭秀

  作为后来者的我们，在心中

  都有一部自己的长征史

  号角吹响，催人奋进

  猎猎的旗帜，在飘扬

  引领我们向前进

  在这座小楼下，总有一种力量

  牵引着我。关于红色，关于旗帜，关于道路

  让人激情澎湃

  让人想起伟大的祖国

——题记

"兄弟，请规范着装，今天我们要升国旗。"

"早点到球场集合。"

"维持好现场秩序，升国旗是大事……"

  一大早，台盘村退役军人王再贵打电话通知村里的国旗护卫队队员，下午四点半准时到篮球场升国旗。2023年3月27日那天，他显得特别忙碌。这一天要举行贵州省首届"美丽乡村"篮球联赛总决赛冠军争夺赛，也是贵州省第二届"美丽乡村"篮球联赛启动的日子。在这个关键时刻，一定要举行隆重的升旗仪式。

升国旗这一项重要仪式是让王再贵最上心的事，他觉得这是一名退役军人的神圣职责。

"红军不怕远征难，万水千山只等闲。"每次听到这首豪迈激昂的《七律·长征》时，我都为之一振，心里燃起旺盛的激情。长征这一人类历史上的伟大壮举，留给我们无数宝贵的精神财富。长征精神激励着一代又一代人不断汲取前行的力量。

欲流之远者，必浚其泉源。作为红军长征的途经地，台江县有许多宝贵的红色资源。这一块神秘的土地孕育了淳朴的苗族文化，也留下了精彩的红色故事，蕴含着博大厚重的红色基因。

我在台江县施洞镇偏寨村采访时，看见穿着盛装的苗族妇女踩着木鼓敲击的鼓点，在马鞍广场上翩翩起舞，广场的旁边就是中央军委纵队驻地旧址。在红色文化的辉映之下，村庄呈现出生机蓬勃的景象。1934年，中央军委纵队抵达台江县施洞镇偏寨村，并在此驻扎。目前，这一旧址已被保护起来。其屋外的墙壁上挂着"军委纵队驻地"的红字醒目牌子，屋内的板壁上张贴着一些现在的宣传资料。

在台江县方召镇巫脚交村，张家四代人接力守护无名红军墓的故事家喻户晓。两年前，这家四代人守护无名红军烈士墓的事迹一经新华网报道，便广受关注。报道称，张勇才和家人每到清明节都会

台江县施洞镇偏寨村中央军委纵队驻地旧址（曾皎飞　摄）

"村BA":观察中国式现代化的一个窗口
——台盘村乡村振兴故事

偏寨全景(曾皎飞 摄)

到这座红军墓前祭奠,几十年来从未间断。1934年,红军长征路过台江县,打土豪、分田地,解救受欺压的苗族群众。在一次战斗中,一名红军战士不幸牺牲。第二天,张勇才的爷爷张堂开上山务农时,在自家的水田里发现红军战士的遗体。张堂开非常伤心,把遗体转移到向阳的山坡上安葬。此后几十年,张堂开及其子孙作为红军守墓人,每年清明节都去扫墓,给红军墓除草、添土等。四代人接力守护无名红军墓,体现了当地人民对红军的深厚感情。

崇尚革命英雄,传承红色基因。一代又一代的台江人,在长征精神的指引下找到了前进的动力,找准了前进的方向。每一年,台盘村都有很多青年报名参军,想以这种方式报效祖国。目前,台盘村仅三组就有8户光荣之家。2020年,这个小组有3人同时参军入伍,其中2人是在校就读的大学生。

在红色文化的指引下,台盘村有一支由退役军人组成的国旗护卫队。王

台盘风貌

再贵是台盘村国旗护卫队组建人之一,在台盘村年轻一代的退役军人中,他有着一定的号召力和影响力。"村BA"火爆后的某一天,正值炎热的八月,火热的太阳把篮球场烤得炙热无比,但并没有影响村民在球场上打篮球的激情。王再贵和村里的几位球员在篮球场上练球,他们打得大汗淋漓,畅快无比。突然,篮球弹到村委会办公楼前面的台阶上,再弹到旗台上。他扬起头,望向高高飘扬的五星红旗。红旗猎猎,他看得热泪盈眶。多少次,他面对这面鲜艳的旗帜,心中总是充满了无比的自豪感。就在那一瞬间,王再贵柔软的内心仿佛被什么东西触动了一下。他跑出球场,顾不上冲澡,马不停蹄地找到村里的退役军人们商量,决定组建一支台盘村的国旗护卫队。

他的提议得到退役军人们的一致赞同。25岁的杨统一是一名近两年返乡的退役军人,听说村里要组建国旗护卫队,第一时间跑来报名。最年轻的队员是24岁的李智,他是台盘村党支部副书记李正彪的儿子,在家排行老二,

隆重的升旗仪式(邰光政 摄)

"村BA"：观察中国式现代化的一个窗口
——台盘村乡村振兴故事

是一名大学生。2022年，他从部队退役后第一时间就加入了台盘村国旗护卫队。

一支国旗护卫队在台盘村诞生了。这支由村里退役军人组成的队伍，大多是地地道道的农民，也有在校大学生。平时大家各忙各的，尽管忙，他们总会抽出时间进行训练，比如假期、周末等。李正恩说要把升旗的仪式感深植村民内心，激发村民的爱国情怀。"在自己的家乡台盘、在最熟悉的'村BA'篮球赛场上升国旗，对我而言是一个新的开始，我的内心无比自豪。"李智找回自己在部队时的荣誉感，语气中难掩兴奋。他说，在部队时参加过无数次升旗仪式，现在能参与家乡的升旗仪式，更是意义非凡。

这支国旗护卫队是一支机动队伍。除了在重大活动中升旗外，"村BA"

台江县的红色教育基地（曾皎飞 摄）

赛事举办期间的秩序维护和每年征兵上门义务宣传也是他们的重要职责。如果遇到火灾、水灾等重大险情，他们会第一时间冲在前面，展现新时代退役军人担当。

"村BA"火爆之后，村委会召开院坝会决定对篮球场进行扩建。在村委会的号召下，年轻人纷纷加入，特别是有很强执行力的退伍军人，说干就干。篮球场扩建从2022年9月上旬开始动工。一大早，村里的年轻人就来到村委会办公楼前的篮球场，扛水泥、拌砂浆，大家干得热火朝天，都把村里的事当成自家的事，工程进展很快。

历时一个多月，扩建后的篮球场焕然一新：重新铺设了水泥地面，场地更加平整规范；新增加了37级的观众看台，看台中间还装有不锈钢扶手，观众席容纳量从一万多人增加到两万多人。同时，还在篮球场旁边修建了配套的媒体采访接待室、会客间、运动员休息间，改造了公共厕所，并对之前的停车场进行了规范性改造，重新划分了停车位。

"为什么想到要组建这样一支国旗护卫队？"对于我的提问，王再贵说出了自己的想法。他说从部队退役返乡后，一心想为村里做点实事。"这里曾因'六月六'吃新节篮球比赛凝聚乡亲们期待的目光，如今也因庄严的升旗仪式汇聚希望与光荣。"据台盘村驻村第一书记张德介绍，这一支国旗护卫队从最开始的4人增加到现在的15人。在重大节日举行隆重的升旗仪式，可以更好地传承红色基因，厚植村民的爱国情怀。

在台盘村，从组织村民参与公益事业、发展产业，到组织村民开展篮球比赛，各项活动能一呼百应，正是红色基因激活了发展的内生动力。从打赢脱贫攻坚战到乡村振兴，这是一场接力赛，台盘村正是用红色基因来凝聚内生动力，获取前行的磅礴力量。

"村BA": 观察中国式现代化的一个窗口
——台盘村乡村振兴故事

▶ 连通世界的幸福路

> 鸟瞰蜿蜒盘旋的公路
>
> 这一条条路，在夕阳下
>
> 向苗乡侗寨深处延伸
>
> 霞光之下，仿佛铺满了金子
>
> ——题记

一条公路像一匹略带暖色的缎子蜿蜒伸向远方，犹如一幅精致的油画展现在世人面前。我选择一个周末从凯里市驱车前往台盘村。这条从凯里市三棵树镇到贵州台江经济开发区（革一片区）的大道于2016年建成通车，极大拉近了台盘村与凯里市之间的距离，车程由原来的40多分钟缩短到现在的20分钟。道路的畅通提振了台盘村村民脱贫致富奔小康的信心。速度带来的快感，同样给我无限的信心。我打开车窗，过去的故事慢慢涌上心头。

1992年，我从一个偏僻的小乡村出发，到距离家20千米外的中学读书。那时没有公路，每个星期来回全靠步行，真心痛脚上那双解放鞋。从圭研老家到卜头寨，有一段路基本上是"悬挂"在石壁之上，崎岖难行，一下雨更是危险重重，被村里人称为"巴掌路"。悬崖下面是水库，以前曾有人掉下去，落入水中丢了性命。村里人耷拉着苦瓜一样的脸望着悬崖感叹："这一辈子是不可能修通公路了。"

台盘风貌

我每次都是小心翼翼地走过"巴掌路",能够安全通过一次就庆幸一次。为了那一双仅有的解放鞋,遇到泥泞的烂路,我便把鞋脱了放在书包里,赤脚走过,到了干净路段才舍得把鞋拿出来穿。虽然从乡场到天柱县城通了公路,但路还是烂得无法形容,而且通行的车辆极少。偶尔,我挤上如同蜗牛一般爬行的汽车,各种气味裹挟而来,加之一路上汽车总是剧烈颠簸,让人难受不已。其情其景至今历历在目。

乡村公路在崇山峻岭中蜿蜒前行(曾皎飞 摄)

1995年,我从老家圭研去贵阳求学,天还没亮就起床,一路火急火燎地赶到凯里已经是天黑,必须在凯里住上一晚,第二天再赶贵阳的班车,真是典型的"两头黑"。参加工作后,我在黎平待了五年。从凯里到黎平得花上一天的时间,车辆在雷公山上绕行,每次都让我心惊胆战。而一路上尘土飞扬,灰尘和汗水把头发黏成一绺一绺的,令我狼狈不堪。现在谈起的这些过往,也许只是我人生中一个个微不足道的小故事,但应该足以体现过去贵州交通的不便。现在,"巴掌路"已经被修成了乡村水泥路,变不可能为可能。这条乡村公路还加装了防护栏,车辆通行顺畅。还健在的老一辈人看着这条路,无不感谢国家的好政策。

翻开贵州的交通史,不由感慨唏嘘。贵州作为中国唯一没有平原的省份,素有"八山一水一分田"之说,地貌大多为山地和丘陵。历史上留下了

"村BA"：观察中国式现代化的一个窗口
——台盘村乡村振兴故事

许多描述贵州地理以及交通状况的诗文。如《送侯御赴黔中充判官》《送蛮客》当中的"猿啼万里客，鸟似五湖人""江连恶溪路，山绕夜郎城"，让后人感慨当时贵州道路何其难行。"夜郎万里道，西上令人老"的诗句使人联想：贵州困于云贵高原的层峦叠嶂，路险且长。尽管长路漫漫，却依然有无数人为改变贵州交通落后的局面而努力。从秦始皇兴修历史上有名的"五尺道"，到汉武帝开筑"西南夷道"，再到奢香夫人主持开辟驿道，贵州交通的发展无不蕴藏着无数人的勤劳与智慧。

咬定青山不放松，逢山开路，遇水搭桥。正是有了一代代人锲而不舍、百折不挠的拼搏，终于让贵州的交通状况有了根本性的改变。

"铁路修到苗家寨，青山挂起银飘带，村村寨寨连北京，红太阳的光辉照苗寨……"20世纪70年代初期，湘黔铁路再次复工，一首《一条铁龙绕山来》的歌曲在铁路沿线传唱。艺术的力量鼓舞人心，建设工地一派火热景象，人们干事创业的激情高涨。这首歌后来改名为《铁路修到苗家寨》，成为经典曲

交通条件的改善让经济社会发展进入快车道（曾皎飞 摄）

目。湘黔铁路的开通，拉近了黔东南苗族侗族自治州与外界的距离。

2015年6月18日，G3002次列车从贵阳北站首发前往长沙南站，一路呼啸而来，半个多小时后平稳停靠在凯里南站。这一天，对黔东南苗族侗族自治州来说，是一个"划时代"的日子，自此苗乡侗寨步入了"高铁时代"。看着飞驰而来的动车，我激动地写下："铁轨蜿蜒，梦在远方/劲风吹来，高粱、玉米闪在我的身后/我怕走得太远，丢下我的牛羊/和喂饱我的庄稼/幽深的隧道，带我回乡。"

"要致富，先修路"是贵州人对改变落后面貌的历史期盼和后发赶超的奋斗决心。过去的十多年，贵州始终坚持交通优先发展，出台一系列重大政策，推出一系列重大举措，推动全省交通运输事业取得了历史性突破。

据《贵州日报》报道，到2022年底，贵州在近126万个山头里建了21万千米公路，其中高速公路8331千米，现有公路桥梁28 023座，其中高速公路桥梁14 230座，普通公路桥梁13 793座，城乡出行更加便捷，近20万个村寨1700万农村人口直接受益。一座座"便民桥、爱心桥、幸福桥、致富桥"相继建成，彰显着贵州交通"黄金十年"赶超跨越的力度和成就，为贵州新型工业化、新型城镇化、农业现代化、旅游产业化加速发展提供了坚强支撑。

诗和远方，在脚下，也在心里。从"绿皮火车"到"高铁时代"，从一个机场到全省九个市（州）都有机场，人们享受着便捷的出行服务。贵州实现了从"内陆山区"到"高速平原"的转变。

大地升起了炊烟，这是一幅美丽的图景。路，在无限延伸，远方仿佛有说不完的欢喜。这一条条路，承载着贵州人民的幸福与梦想，是致富路、发展路、复兴路。

现在，路以曲线之美纵横于山峦之间，像巨龙在野，在崇山峻岭中蜿蜒前行。县县通高速、乡乡通公路，脱贫攻坚战后，"村村通""组组通"

"村BA": 观察中国式现代化的一个窗口
——台盘村乡村振兴故事

也得到了实现,历史性地解决了民众出行难、黔货出山难、外货进山难的问题,为经济社会发展搭建起高速路。

近年来,台江县累计建成公路通车里程约1235千米,其中,高速公路约19千米,国道约130千米,省道约41千米,县道约186千米,乡道约260千米,村(组)道约599千米,打通了贫困地区脱贫致富"最后一公里"。便利的交通推动了乡村旅游的繁荣发展,带动了当地经济社会的快速发展。

为了了解台江县交通发展更为翔实的数据,我采访了台江县公路管理段的龚学宁,他告诉我,为实现交通和旅游的融合发展,黔东南苗族侗族自治州首条生态文明公路按照"公路沿线景观明显优化,形成一条大道、两路风景、三季有花、四季长绿、常年洁美的沿线景观,普通国省干线公路可绿化路段绿化率达100%"的工作目标要求精心组织施工。这条公路就是从台江县城到台盘村的那条路,全长22千米。2019年3月该项目正式开工,于2020年6月全线完工。这条美丽的公路沿线有许多人文景观和自然景观,展现了苗族文化的丰富内涵和自然景观的绚丽多姿。

这条生态文明公路是交通助力乡村振兴的一个缩影。细心的龚学宁还特意给了我一份他自己写的稿件,他是这样写的:车辆行驶在这条公路上,两旁的枫香树、迎春花、紫薇花、紫荆花等展现出一派生机勃勃的景象,二月兰、格桑花也格外绚烂,独特的田园微丘、清江水韵、乡野风情、观景廊道让人目不暇接。真可谓"人在画中游,车在画中行"。

2004年,台盘村才修通和外界联系的公路,而现在人们从台盘村出发10多分钟就可以上高速公路,半小时内就能坐上高铁。台盘村距离台江县城、凯里市都只需大约20分钟的车程。便利的交通带动了台盘村的发展,拉近了台盘村与世界的距离。

驻村第一书记张德笑着说:"有新疆、河南等外地朋友来我们村参加比

台盘风貌

"村BA"赛季期间，台盘村12个免费停车场迎来了来自全国各地的车辆（曾皎飞 摄）

赛。一方面，这增进了各民族之间的感情和交流；另一方面，通过他们，我们的农产品销往外地，村民实现增收。"台盘村马路边有一家菜鸟驿站，我看到排队收发快递的村民忙得不亦乐乎。村里的特产寄往外地，外面的物资也源源不断地通过快递送到了村里。便利的交通降低了很多游客前来旅游观光的时间成本。大量游客涌入台盘村，必将更好地促进当地的社会经济发展。

2023年3月25日晚上，贵州省首届"美丽乡村"篮球联赛总决赛在台盘村开赛。"村BA"到底有多火爆，只有到现场才能真正体会。在这次总决赛现场，除了十里八乡的乡亲外，还有很多外地的球迷慕名前来，有球迷专门坐飞机从浙江省台州市赶来，有的乘坐高铁动车，有的自驾游……全国各地的车辆涌进台盘村。

便利的交通，让台盘村与世界咫尺可触。而被拉近的，不仅是双方的空间距离，还有彼此的心。

"村BA"：观察中国式现代化的一个窗口
——台盘村乡村振兴故事

▶ 和谐苗寨，文明乡风

育文明乡风，奏响新时代"振兴曲"

凡事有商有量，唱响民主之歌

规就田园牧歌

约成美丽乡村

——题记

7月的台盘村镶嵌在青山绿水间，翠绿的水稻在扬花，演绎着蓬勃生机。我站在村委会办公楼前，向远山望去。云慢慢升腾起来，风一吹，便散开去，风一停，又聚在一起。那一刻，我才感觉到藏于心底的感情瞬间被眼前的景象激发出来，像源源不断的诗。

台盘村"村BA"比赛期间，乡村环境井然有序，比赛氛围和谐友善。这让我不禁思考：为何有如此之好的比赛秩序？我想这应该源于台盘村的传统文化，一个

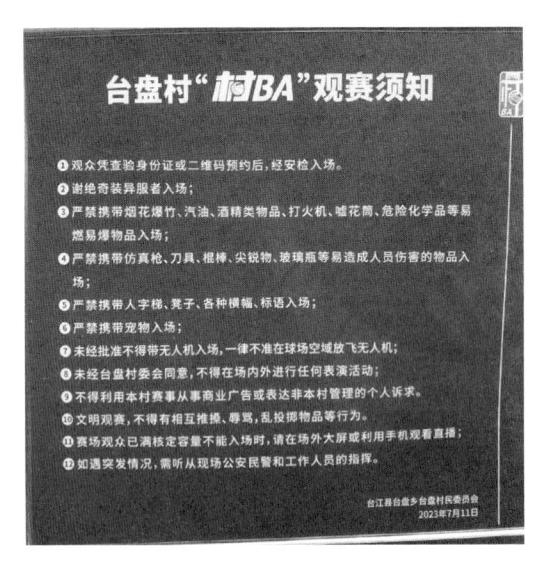

"村BA"球场入口处，"观赛须知"一目了然（姚瑶 摄）

台盘风貌

地方的人和事常常是紧密相连的。

我用了一段时间在台盘村寻找村规民约生存的土壤。作为中国社会古老的治理模式，村规民约是传统乡村社会基于一定的地缘和血缘关系，为某种共同目的而设立的生活规则及组织，不仅有利于基层社会的治理，还对中国传统社会的秩序稳定起到积极作用。

台盘村的村规民约（姚瑶 摄）

"议榔"是苗族传统社会的自治规范，具有维持社会秩序正常运行的功能。苗族基层社会通过议榔制订榔规，既继承了苗族传统文化，又实现了传统治理文化资源的现代转换，为新时代乡村治理提供了良好的辅助功能。

台盘村因地制宜推行"赛规进村规"，将篮球场管理、停车场管理、环境卫生整治、文明看球行为等纳入村规民约。球场修缮、赛规制定等事项均由村民代表大会集体商定，鼓励群众义务清扫场地、文明服务游客，以此不断增强村级自治能力。比如，台盘村用"120村规"约束球员：犯错就得交纳120斤米、120斤酒、120斤肉作为惩罚。篮球是一项竞技运动，球员之间或球员与裁判发生争执的事也并不少见。可喜的是，台盘村通过明确的村规来约束参赛者的管理方式是卓有成效的。不管是球员还是观众，只要闹事、不尊重裁判或打架斗殴等，都将被列入黑名单进行曝光，并且终身不得进入球场。"村里人都爱篮球，一说不让他们看比赛，都害怕了。"篮球赛的解说员王再贵笑着说。

良好的村规民约使得台盘村篮球赛越来越有凝聚力和人气。从这些朴素的管理制度看得出来，公平、公正是台盘村篮球赛得以顺利举办的基础。

"在球场上是对手，球场外是兄弟。大家从没有因为篮球在赛场上打架斗殴。从球员到观众，整体的秩序都非常好。"台盘村村委会主任、篮球协会会长岑江龙笑着说。

赛规进村规，球场上的规则也是台盘村村规民约的一部分。台盘村驻村第一书记张德告诉我："这种让球员和观众进行自我管理、自我教育、自我约束的行为规范在台盘村治理过程中起到了积极的推动作用。"这种规则用来治理乡村，一样管用。比如针对街边商铺，村规民约严禁哄抬物价欺骗顾客。比如"门前三包"，商铺和住户的门前一定要保持干净整洁。"当好主人家，给客人一个好印象。街道干净了，老百姓收入增加了。大家的脸上都是自信的笑容。"这位驻村第一书记说出了自己的心声。

"台盘村的村规民约与时俱进，将环境卫生整治、赛规赛制等内容列入其中，为村规民约赋予更为丰富的内涵。"张德说，所谓"家有家规、村有村约"，要让村民成为村规民约的制定者和文明新风的践行者。

"在'村BA'赛事期间，我们与村民签署一份'三包'协议。第一是要包安全，村民接待来村的亲戚朋友时，要告诫他们喝酒需适当，不允许酗酒闹事、醉酒爬到楼顶观赛，消除安全隐患。第二是要包卫生，房屋前后的环境要保持干净，赛事期间街面开张的摊位要保持摊位的整洁与食品的卫生。第三是要包公正，对于参加'村BA'的球队，村里决不允许裁判或者当地村民包办，要保证比赛的公平公正。"因为有了这些谋划，所以在数万人涌进台盘这个小小的村庄看球赛期间，当地治安依旧良好，各项工作有序推进。

"特别是喝酒这一点，我们着重强调。"台盘村党支部副书记李正彪说："有的人喜欢喝酒。特别是亲戚朋友走村串寨看球赛时，遇到好客的，两碗酒喝下去，一天的活都干不成，人容易变懒。不过，这些年酗酒的人越来越少了。"

　　李正彪说他处理过多起村民田土纠纷。他本着以理服人的态度，不偏向任何一方，摆事实、讲道理，每一起纠纷都得到圆满解决，最后双方握手言欢，拍照为证。李正彪为人大度、谦和，赢得了大家的认可。

　　"推行'党建+村规民约'的工作模式，把党的组织优势转化为治理优势，引导村民落实村规民约，不断提升全村治理水平。"作为驻村第一书记，张德以身作则，并要求村里的共产党员发挥先锋模范作用，带头践行村规民约。

　　"除了流动党员8人外，留在村里的40名共产党员随叫随到。我们不定期组织共产党员巡街，给村民讲'门前三包'。现在台盘村火了，希望大家互相监督，保持房前屋后的干净整洁，规范经营。"李正彪说："现在，大量游客慕名前来。作为台盘村人，每一位村民都是一张'名片'，一言一行

台盘村干净整洁的街道（刘开福　摄）

"村BA": 观察中国式现代化的一个窗口
——台盘村乡村振兴故事

台盘村村民大会（张德 摄）

都代表着台盘村的形象。我们绝不能给台盘村丢脸。"李正彪的这番话，虽然是他对自己的要求，却也代表了台盘村村民普遍的心声。

"按照逐渐成熟的'十户一体'模式，我们把全村农户划分成多个责任主体，每个责任主体十户左右，分别推选出一名有威信的能人作为'户长'。'十户一体'的模式对村里的产业推动起到非常重要的作用。"说到这里，岑江龙信心满满。

近年来，黔东南苗族侗族自治州在发展全过程人民民主、实施乡村治理方面进行了积极的探索。作为村民自治的一个缩影，"村BA"从自发组织到数百名村民志愿者全程参与赛事服务，在火爆场面的背后是井然的秩序与和谐的氛围。这体现了村民作为美丽乡村创造者、建设者的主体地位。

在落实好"一中心一张网十联户"的基础上,台盘村积极推行"村级院坝会",加强民主协商,集思广益。同时,村委会通过"十户一体""村规民约+寨老+民主评议团"等方式加强管理,确保基层民主贯彻到基层治理的各个方面,杜绝"个人说了算"和"优亲厚友"等现象发生,让基层权力在阳光下运行,并把民主管理延伸到集体经济发展、基础设施建设、民政救助分配等方面。

"我们采用这种自下而上的民意集中方式,确保村庄规划建设、村容村貌整治、球场管理制度等获得通过。"张德说,球场就是最大的院坝,院坝会是解决问题的有效会议。村子里的大多数事项都是通过院坝会来抓落实的。村委会坚持"有事好商量,众人的事,众人商量",用好"十户一体"的方式做好共建共治工作。以"村BA"为契机,村"两委"组织村里的共产党员和群众召开村民大会共商村里的事务,对村级党建引领乡村产业、人才、文化、生态、组织振兴等进行探讨。

"请大家11点到球场开会。"2022年11月2日上午,台盘村里的大喇叭传来开会通知。11点整,村民如约而至。初冬的阳光让人感到温暖。张德从村委会办公楼里面把音响、桌子、板凳搬出来,大家围成一圈,村民代表大会正式开始。

"今天讨论的主题是:如何发展'村BA'?有意见的可以提出来,大家进行讨论。"台盘村党支部书记张寿双开门见山。

"台盘村人要和气、团结。游客来了,我们要面带笑容接待,不要惹是生非。"

"要建设旅游公厕,让大家更方便,让'村BA'持续火爆下去……"

大伙儿抢着话筒,你一言我一语。张德边听边认真记录。

张德说:"要保持球赛'不变味',还得村民说了算。球场修缮、赛事

"村BA": 观察中国式现代化的一个窗口
——台盘村乡村振兴故事

安排等都要开会收集大家的'金点子',众人的事让众人去做。"

岑江龙是"村BA"的主要组织者之一。他说:"吃新节前一个月,村里的年轻人就忙起来了。篮球赛的各个环节,由谁负责?怎么办理?必须落实到人。"

最让张德欣喜的是,"村BA"火爆"出圈",让基层治理找到了最好的抓手。2022年,台盘村"六月六"吃新节篮球赛期间,1个月接待了观众50余万人次,巨大的人流量带火了村里的小吃和农产品,在球赛火热的背后是村规民约在不断滋养和谐、文明、积极的村风民风。

通过村民大会,台盘村把赛事纳入村规民约进行管理,商议制订了《台盘村篮球场管理村规民约》。现在,篮球比赛已成为全村涉及面最广的公共活动,邻里关系也在篮球比赛的催化下变得更加和睦。村里鲜有人打麻将、酗酒、闹事。打篮球成为村里人的共同爱好。村委会大力倡导"多个球场、少个赌场,多场球赛、少场酒席,多看名角、少些口角"的文明新风尚。

有些村民的房前屋后比较脏乱,一直是个难题。村干部多次上门做工作却收效甚微。但随着越来越多游客的到来,村民们都开始主动打扫卫生。"我们不能给村里丢脸。"这是台盘村村民的自我约束。

"'村BA'火爆后,台盘村的老百姓展现出难能可贵的精气神。"张德说,篮球运动在台盘村老百姓眼里是神圣的,不容亵渎的,也是最能代表村民的思想和行动的。对于当地人而言,这项延续八十多年,跨越三代人的篮球运动,不仅是锻炼身体的需要,更有精神层面的追求。

脱贫攻坚战结束后,人们对美好生活的向往有了更丰富的内涵。"村BA"不仅是一项台盘村的篮球赛事,而且是以这个村为发端,各民族同胞凝心聚力的赛事活动。这就是篮球的魅力,就是乡村振兴的密码。

"在篮球运动的开展过程中,我们村的凝聚力得到了不断加强。"李正彪深有感触地说，大家都把村集体的事当成自己的事，推进了各项工作的开展。

"村子发展的大事、要事，都要先经过村民的集体讨论。"张德说，"台盘村先后召开4次村民代表大会，对球场改造方案以及未来发展进行讨论，相关做法得到了绝大多数村民的同意。有事好商量，众人的事由众人商量，成为台盘村坚持村民主体地位的法宝，为基层治理提供了有益的借鉴。"

治理有效是乡村振兴的重要保障。现在的台盘村，乡村文明蔚然成风，村规民约深入人心，民主协商自发自觉。在村委会的有力领导下，在继承传统社会管理制度的同时更融合了现代社会治理的理念与方式，台盘村逐步成为新时代乡村治理的样板。

党的二十大描绘了以中国式现代化全面推进中华民族伟大复兴的宏伟蓝图，吹响了在新时代新征程上继续创造新伟业的前进号角。落实党的二十大精神，全面推进乡村振兴，台盘乡也有了新思路。接下来，乡里准备把台盘村的篮球文化、阳芳村的五彩油菜以及空寨村的鲟鱼养殖等资源串联起来，有效整合，加快打造文体新地标、旅游新名片。通过以赛促旅、以赛扶农、以赛促治、以赛纳贤等措施，全面推动台盘乡人才、产业、乡村治理、基层组织建设一体化发展。

"村BA"：观察中国式现代化的一个窗口
——台盘村乡村振兴故事

▶ 托起山乡美好未来

> 更多时候，我是一只鹰
> 潜伏在大山森林里
> 我守候在这里——
> 在苗乡辽阔的旷野中
> 心有多高，翅膀就有多硬
>
> 毫无疑问，大山给我厚实的肩膀
> 我要走出大山，外面的世界
> 始终引起我的关注
>
> ——题记

"非常感谢村里对我们这些学子的关心关怀，感谢社会爱心人士给予我们的帮助。今后我一定会更加努力地学习，未来为家乡和社会的发展添砖加瓦。"台盘村第一个通过高考考上本硕博连读的大学生杨豪说道。

2023年8月21日，台盘村篮球场上喜气洋洋。村里考取大学本科的11名学生佩戴大红花，成了一道最亮丽的风景。学生家长、村"两委"成员、驻村工作队成员、共产党员代表、群众代表欢聚一堂，隆重举行2023年金秋助学活动。

台盘风貌

台盘村金秋助学活动（谭新敏 摄）

台盘村历来重视教育，村民们会主动筹资，为考上二本以上院校的学生发放助学金。村民们像捐助球赛一样，家庭经济好的多捐点，家庭条件一般的少捐点。在台盘村，说到要捐资助学和打篮球比赛，村民们二话不说，慷慨解囊，表现出极大的热情。

村民们知道，只有通过读书，才能真正走出大山，才能改变命运。我了解到，从2012年到2022年，台盘村大学生由12人增加到62人。苗寨里飞出"金凤凰"。从12到62不仅仅是数量上的改变，更多的是村民们在观念上发生的巨大改变。

台盘村取得的教育成就得益于国家的教育扶贫政策。党的十八大以来，"打好精准脱贫攻坚战"的号角在中华大地上嘹亮吹响，成为时代的最强音。台江县也在这场时代变革中破茧而出。东西部协作工作有序展开，其中，浙江省杭州市携手贵州省黔东南苗族侗族自治州。台江县作为国家扶贫开发工作重点县，一批批对口帮扶的杭州市干部陆续来到了这里。

2016年，年近花甲，即将从杭州学军中学校长岗位退休的陈立群，做出了他人生中的一个重大决定：远赴贵州黔东南贫困地区支教，用他的梦想

"村BA"：观察中国式现代化的一个窗口
——台盘村乡村振兴故事

台盘乡中心小学的孩子们在操场上快乐奔跑，放飞梦想（曾皓飞 摄）

抒写教育扶贫。原本可以在家中享受天伦之乐，可以寄情山水、周游世界或者著书立说，可以在东南沿海地区继续为教育事业"锦上添花"，但陈立群却千里迢迢来到西部苗乡"雪中送炭"，为他的教育生涯书写了浓墨重彩的一笔。

为什么放弃百万年薪选择到贫困县当校长？我采访陈立群时，他说："想帮助更多的孩子通过知识改变命运。只有教育，才能阻断贫困代际传递。""给我100万元，还不如看到一个贫困学生考上大学令我开心。"陈立群说："我在浙江是'锦上添花'，在这里却可以实现'雪中送炭'。"

因为家庭教育观念落后、家庭经济困难等诸多原因，中途辍学一直是苗乡教育发展的一大障碍。"无论是在普通学校，还是在名校，我都会帮助学生往最好的方向去努力，激发他们的生命能量。给孩子一点光亮，他会还你一片天空。"陈立群说。他默默发誓，要把贫困学生从辍学边缘拉回来，帮助身处困境的孩子找到最好的自己，自信从容地走出校园。"只要多读书，你们就一定能走出大山。"这是陈立群对孩子们说得最多的一句话。

我在《烛照苗乡》一书中写道："陈立群把苗乡台江县的孩子当做自己的孩子来对待，用心哺育台江县的未来。在他的影响下，越来越多的苗乡孩子树立高远志向，立志学有所成后回来建设家乡，报效祖国。这位长者播撒的爱的种子，如今已如蒲公英一样在各地生根开花，点亮苗乡希望。"

陈立群给苗乡培养了一支"带不走的"教师队伍。与这位长者交谈，我感到春风拂面。关于教育，关于未来，关于希望……陈老师娓娓道来。这是对教育的责任，更是对时代的担当。在同一片蓝天下，陈立群和像他一样的教育工作者，为苗乡的孩子、大山的孩子、西部的孩子的梦想插上了飞翔的翅膀！

伟大的新时代，我们需要什么样的楷模？陈立群给了我们最好的答案。

2023年7月16日，我到台盘村采访。村里"六月六"吃新节篮球赛已经启动，整个台盘村热闹非凡，人山人海，12个停车场免费对外来车辆开放。看到如此火热的场景，我已经感受到了乡村篮球的生机盎然。

我来到台盘村三组对台盘村党支部副书记李正彪进行采访。

"今年，台盘村有多少学生被大学录取？"我问。

"台盘村有11名学生被大学录取，一、二组5人，三组6人。今年高考，台盘村总体水平较高。"李正彪说，台盘村三组的6人当中，有4人考上了第一批次招生专业的本科大学。在这个有272户人家的苗族村寨，一年有这么多学生考上大学，的确值得欣慰。

"今年，在台盘村参加高考的孩子中，分数最高的是杨豪，655分。"李正彪告诉我。杨豪的母亲李倩原是贫困户，但对孩子的教育非常严格。

"村BA"：观察中国式现代化的一个窗口
——台盘村乡村振兴故事

台盘乡中心小学的"安全第一课"（曾皎飞 摄）

我在采访中了解到，这位母亲十分谦逊，把立德树人作为家庭教育的目标，在潜移默化中教育孩子，希望孩子未来能够走得更好更远。让我印象非常深刻的是她说的这几句话："在孩子小时候，要对他们严加管教，同时也要好好地爱护。等他们长大了，我们也要多加提醒、引导。另外，不管再忙，我们一定要陪伴孩子，给孩子完整的童年。"

大山里的孩子只有通过读书才能有出息。杨豪告诉我，虽然他的初中、高中没有在台江县民族中学就读，但陈立群校长的"只要多读书，你们就一定能走出大山"的教诲让他铭记于心。他把这句话转化为自己勤奋好学的动力。

"杨豪这孩子非常听话，读书很认真，初中时被凯里市恒成中学录取。学校免除了他初中、高中阶段的学费。通过自己的努力学习，杨豪年年拿奖学金。"李正彪说起这孩子就满脸自豪，他告诉我，杨豪已经被哈尔滨工业大学录取，本硕博连读。

人穷志不短。台盘村三组的另一名参加高考的学生叫杨胜文,毕业于台江县民族中学,分数已经超过一本线。李正彪告诉我,他父亲是残疾人,原是贫困户。

杨胜文在台江县民族中学就读期间,深受陈立群校长的影响。杨胜文说:"如果没有陈立群校长来支教,也不会有自己的今天。"他说挂在学校的那副长联"一生诚做基,不装不作不混,励志笃行出大山;万代勤为本,用力用脑用心,真才实学报家国"对他的激励最大。每次进校看到这副对联,都给他无穷的动力。这副对联是陈立群校长所写,激励了大山里无数的孩子。

在李正彪看来,帮助贫困户脱贫,不能只顾眼前利益,更要着眼未来,送孩子读书就是给他们一个光明的未来。扶贫先扶智,要拔除穷根,让孩子们有知识有文化,更好地走出大山。将来,这些孩子有了出息,一定会反哺农村,将家乡建设得更加美丽。

具有民族特色的校园活动(刘开福 摄)

▶ 台盘村的蝶变

> 雷霆之下，世界归于宁静
>
> 大千万物在生长
>
> 那些莫名的花草
>
> 纷纷高昂着春天的希望
>
> 从天边聚集而来的云朵
>
> 像归来的羊群，被风打散的生活
>
> ——归来
>
> ——题记

立夏刚过，在西瓜种植基地，台盘村党支部副书记李正彪正在满头大汗地除草。看着田地里的西瓜即将丰收，这个50岁出头的苗族汉子脸上堆满了笑容。不远处的生态养殖基地，一大群鸡鸭在欢腾。近年来，按照"一村一业"的规划，台盘村因地制宜种植西瓜、枇杷、油菜、黄豆等农作物，开展家禽养殖，已经培养了十多名致富能手。

脱贫摘帽不是终点，而是新生活、新奋斗的起点。台盘村曾经在脱贫攻坚战场上演绎精彩故事，在乡村振兴路上也将会书写更多更新的篇章。李正彪给我算了一笔账，进入新时代十年以来，台盘村私家车从2012年的15辆增加到现在的93辆，村民人均纯收入从2012年的4360元提高到2022年底的1.48

万元，村民人均纯收入增长了2倍多。

这十年，祖国大地发生了翻天覆地的变化：道路、供水、电网等基础设施提档升级；农村教育、医疗等基本公共服务水平得到显著提升；有条件的建制村全部铺设

苗族妇女交流刺绣技艺，赶制订单（蔡兴文 摄）

了硬化路，接通了自来水。另外，农民就业增收渠道不断拓展，农村生态环境明显改善，农村社会和谐有序。这一切都为全面推进乡村振兴奠定了坚实基础。

台盘村和全国所有的行政村一样，一同走进了新时代。台盘村的蝶变，是我国农业农村发展取得历史性成就的一个缩影，更是新时代十年伟大变革的生动实践。台盘村的巨变，被中央广播电视总台誉为"十年来经济社会变化的一个缩影""观察中国式现代化的一个窗口"。

十年蝶变，从台盘村可见一斑。

"在这之前，外出打工是最大的出路。"这位1986年出生的苗族汉子，台盘村党支部书记张寿双是回乡创业的有志青年之一。他的微信名与梦想有关，时刻鼓励着自己，为台盘村的发展不断奋斗。带领全体村民实现共同富裕是张寿双最大的理想。

张寿双回忆外出打工的一些细节，一丝苦笑掠过脸庞。对于外出打工，大多数年轻人的内心都有很多的彷徨和无奈。张寿双告诉我，他对外出打工那些年的记忆特别深刻。

"村BA":观察中国式现代化的一个窗口
——台盘村乡村振兴故事

2008年,从贵州电子信息职业技术学院毕业后,因找不到好的工作岗位,张寿双回到了家乡。在家打了两个月篮球后,与大多数年轻人一道,他卷着行李南下广东,在熙熙攘攘的沿海寻梦。

改革开放以来,广东、浙江等沿海地区迎来了大量的农村劳动力。当时,农村流行一句话:"读书读不通,去沿海打工。"那时候,成群的年轻人背着行囊,挤上绿皮火车,奔赴离家千里之外的沿海地区。2008年夏天,张寿双也成为南下打工大军中的一员。

在广东这块热土,并不是人人都能实现自己的梦想。计算机专业毕业的张寿双并没有找到合适的工作,只好在建筑工地从事粉刷工作。他像大海里的一叶扁舟,携带着毛刷、滚筒刷和打磨砂纸穿梭于各个工地。1个月满打满算,他也仅有1800多元的收入,日常开销下来,所剩无几。

"我是一个粉刷匠,粉刷本领强。"说到这里,张寿双还开心地哼起了这段儿歌。

他的这份工作不算稳定。为了求得一个稳定、体面和工资高一点的工作,他去了上海。在上海这个国际大都市里,他也很难找到一份称心如意的工作。最后,他选择给医疗器材商跑业务,收入有所增加。那时候,他整天在大街上跑业务,日晒雨淋,现在想起来也是异常辛苦。但这点辛苦对于他这个

在农业园区里工作的返乡村民(蔡兴文 摄)

苗族汉子来说，根本不算什么。张寿双在2014年选择回乡创业，和朋友一起在凯里做生意。2020年，张寿双看到台盘村良好的发展势头，决定回到家乡创业。

在张寿双的身边，还是有一些年轻人选择外出，他们想去看看外面的世界。

在农业园区，返乡村民实现就近就业（蔡兴文 摄）

对于年轻人的外出，张寿双有着自己的看法。

"过去的一段时间，农村经济较为薄弱，有点跟不上社会的发展。物价在涨，可是一亩三分地种出来的粮食除了自给，卖出去也赚不了钱。"张寿双感叹说，外出打工实属万不得已。

"改革开放以来，城市的蓬勃发展创造了很多工作岗位。这在一定程度上给年轻一代的农民提供了大量的就业机会。"

农民工是我国一个十分庞大的群体，根据国家统计局此前发布的2021年农民工监测调查报告，2021年全国农民工总量29 251万人，比2020年增加691万人。从数据中我们可以看到，虽然国家近年来正大力发展乡村经济，让很多农民工实现了在家乡就业，但外出务工的农民工人数仍不少。据2021年台江县人民政府工作报告，全县2021年转移农村劳动力2.58万人。这2.58万人当中的大部分像候鸟一样去了浙江、广东沿海一带。

我从台盘乡人民政府得到相关的数据：台盘村有劳动力人口563人，省外务工246人，占比43.7%。"如果能在家门口有份事情做，可以解决孩子没

"村BA":观察中国式现代化的一个窗口
——台盘村乡村振兴故事

返乡创业者在整理"村BA"文创产品(刘开福 摄)

人带、老人没人照顾等大难题。"张寿双说,随着乡村振兴一系列政策的实施,加上"村BA"火爆"出圈"后,村里的产业活了起来,他相信这些问题一定能得到解决。

现在,越来越多的年轻人选择了回乡。"出去打工是为了赚钱。不管赚了多少钱,都没有回家打篮球快乐。"台盘村球赛的组织者之一,35岁的台盘村村民杨雄回答得很豪爽,"篮球不能打一辈子,但却可以热爱一辈子"。回乡的主要原因,是火爆的"村BA"。由"村BA"衍生的产业兴旺起来,让大家觉得在家乡发展的机会更多,就陆陆续续回来了。"村里村外的人都来了,这才是乡村最热闹的场景。"台盘村驻村第一书记张德心里暗自高兴。

张德的到来,无疑给台盘村增添了新的力量,他成为这个苗寨发展的重要推手。张寿双说:"张德来报到时是一个白白净净的书生,现在你看看,都成'包青天'了。"看着站在我面前的两个年轻人互相调侃,我说了一句玩笑话,"你们两个都成了'包青天'"。

"连第一书记都来帮我们,我们本村的年轻人没有理由不努力。"张寿双对返乡的年轻人都这么说。

"把人心凝聚起来,村里的产业就可以做大做强。"张德找到了切入点,他说,"我们像组织篮球赛一样,将各项工作有效组织起来,让群众更加信任村'两委'。组织的力量和群众的力量是无穷的。"

台盘风貌

过去，张德最担心的是村子留不住返乡的年轻人。该以怎样的方式把他们留下？这是当务之急。现在，"村BA"火爆之后，台盘乡共召开返乡人才座谈会16次，收集意见建议50余条，发布各种信息1200余条，共有外出能人108人返乡创业，其中从事餐饮业56人，运输业5人，种植、养殖业30人，服务业17人。村里的年轻人回来了，村庄充满了希望。流水、稻田、蓝天、白云，还有正在劳作的农人，构成了一幅意义非凡的生动画面。

杨江华今年52岁，在政府的扶持下种植优质水稻，将家里的农活安排得有条有理。我采访他时，水稻长势喜人，正在扬花，他每天一大早就起床干活，一个人把田地打理得井井有条。"过去，田里种粮产量低、收入微薄，不够全家老少糊口。我和不少村民外出谋生，进厂打工，干力气活，赚辛苦钱。"杨江华说，"现在政府给我们优质稻种，中国农业科学院专家到我们村开展水稻轻简化育插秧和防治病虫害知识的宣传，又组织我们参加水稻种植实用技术培训。我们掌握了现代化的种植技术，心里很踏实。政府还给村民免费发放鱼苗，鼓励发展稻花鱼，打造稻花鱼品牌。"在台盘村，像杨江华这样参与"稻+鱼"综合种植养殖的农户数量不断增多，"稻+鱼"综合种植养殖已成为农业发展新趋势。

张德暗下决心："作为一名年轻的共产党员，我要带动村民干事创业。只要做强产业，做大产业，就能吸引更多的年轻人'回巢'。"穷人跟着能人走，能人跟着产业项

台江县民族民间服饰织锦工艺厂创建人张艳梅在给返乡妇女传授刺绣技艺（刘开福 摄）

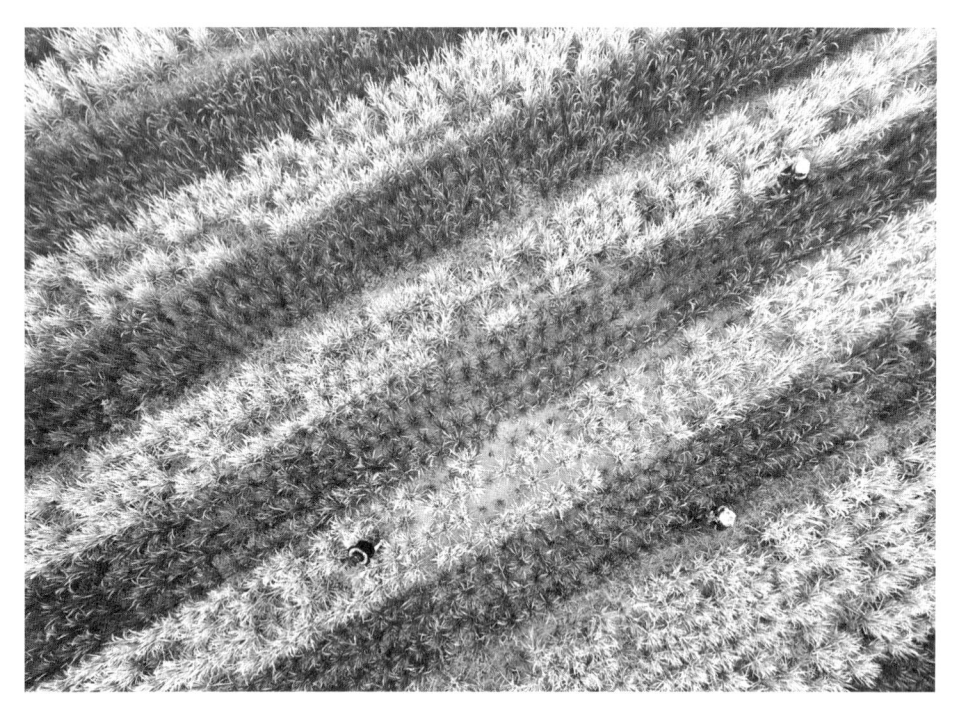

"村BA"：观察中国式现代化的一个窗口
——台盘村乡村振兴故事

台盘乡阳芳村村民在田间劳作（蔡兴文 摄）

目走，产业项目跟着市场走，这才算是一个良性循环。张德说："想吸引有能力的人返乡非常困难。"今年春节，他想方设法动员一些年轻人留下。后来，他们当中的一部分人还是选择离开家乡到外面工作，另一部分人留下来在家门口创业。看着日渐兴盛起来的乡村建设，他相信，说服年轻人留下虽然有困难，但很有希望，比如留在村里的岑江龙、李正恩等人就是很好的例子。

在产业推进过程中，台盘村的篮球赛就是乡村振兴的媒介。"篮球跟唱歌、跳舞、斗牛一样，竟成了我们村最重要的、最有仪式感的一项活动，借此可以最大限度地把年轻人凝聚在一起谋发展、想出路。"张德说，只有把年轻人聚起来，坚守了几十年的篮球文化才能得到更好的传承。

"壮大了乡村振兴队伍，全面推进乡村振兴指日可待。"

"目前还有246人在外务工，我们争取让他们回乡创业。"曾经在外务工的张寿双深有感触,他期待年轻人像他一样回到家乡,一起创业,带领村民致富。这个曾经辗转广东、上海等地打工的年轻人说出在外打工的艰难和不易,我知道他的言外之意。他期望更多的年轻人回到家乡,乡村振兴路上年轻人不能缺席啊!

张德用"务实""肯干""会干"3个词来形容张寿双。张德还记得自己刚来驻村时,是这个比他小3岁的年轻人带着他走村串户了解社情民意。"他对台盘这个村子的情况了如指掌,工作起来不费劲。"

"村BA"火爆"出圈"后,张德信心更足了。我在村委会办公室和张德聊天的那个下午,阳光斜斜地从窗口投射进来,照到我们的身上,十分温暖。年轻人选择回乡,是一个良好的开始,他们将在乡村振兴路上承担更重要的使命。

目前,台盘村建设留给我们太多的思索。如何落实习近平总书记提出的"望得见山,看得见水,记得住乡愁",可以在台盘村华丽转身的背后找到启示。

新时代的乡村,大有可为。脱贫攻坚后,乡村面貌焕然一新,中国已经开启乡村振兴的新篇章。乡村振兴路上,离不开人才支持。年轻人回来了,他们带回了新的理念,新的思路;他们用真诚、热血,为建设乡村的物质文明和精神文明不断添砖加瓦。

台盘村抓住人才回流新机遇,运用好"村BA"的影响力,激发"村BA"乡土文化的活力和动能,从而带动乡村振兴。张德说:"台盘村'村BA'的火爆,让我看到了乡村火热的生活场景,听到了老百姓对未来充满信心的话语。我觉得一切辛勤的付出都是值得的。"

此刻,我在台盘村,切身感到了这些年轻人汇聚产生的智慧和力量。这些智慧和力量将为乡村的发展创造种种可能。

"村BA":观察中国式现代化的一个窗口
——台盘村乡村振兴故事

▶ "村BA",决胜小康的硕果

> 脱贫攻坚如火如荼
>
> 不破楼兰终不还
>
> 共产党人圆一个伟大的梦想
>
> 展现中国的决心
>
> 追梦的路上,没有旁观者
>
> 在滚滚历史洪流中
>
> 参与者、担当者、建设者
>
> 坚守初心,履行好职责使命
>
> 在祖国没有遗忘的地方
>
> 献出自己的一砖一瓦
>
> 全面进入小康社会
>
> ——题记

此时此刻,立于苗岭之巅,鸟瞰一条滚滚东去的清水江和散落在苍茫大山里星罗棋布的村庄,我思绪万千。发源于贵州省都匀市斗篷山的清水江,一路蜿蜒曲折,流经黔东南,至湖南黔城汇入潕阳河后进入沅江。从地理版图上看,它像一条绿色的彩带嵌入逶迤群山之间。水在悄无声息地流淌,时光荏苒,岸边的木楼静静地矗立在那里。

台盘风貌

仁者乐山，智者乐水。坐落于云贵高原东部苗岭主峰雷公山北麓、清水江中游南岸的台江县，拥有丰富的旅游资源，如别具一格的苗族传统村落、植被完好的森林公园。2019年是台江县脱贫摘帽之年。中共台江县委、县人民政府下定决心，加大力度，加快速度，加紧进度，多管齐下，誓要打赢这一场脱贫攻坚战，有"不破楼兰终不还"的决心。

那一年，对扶贫干部来说，是"大决战"的一年。他们把全部的精力和时间都投入脱贫工作中。那一年，在贫瘠的乡野、穷困的深山，帮扶工作成了杨帆人生中最值得回忆的事。他每天清晨在鸡鸣声中起床，夜幕降临时回到集体宿舍。他的工作地点要么是在田间地头，要么是在村民家，要么就是在去省、州、县争取项目的路上……

2020年，台江县通过省级第三方评估、国家脱贫攻坚普查、省级成效考核。全县累计减少农村贫困人口13 751户60 840人，贫困发生率从37.71%下降到零。

2020年3月3日，这一天对于台江县人民来说，具有深刻的历史意义。这一天，台江县顺利退出贫困县序列，被贵州省人民政府认定为"完成年度计划、

远看阳芳村，巴拉河绕村而过，如诗如画（曾皎飞 摄）

"村BA"：观察中国式现代化的一个窗口
——台盘村乡村振兴故事

台盘村产业园区（刘开福 摄）

减贫成效显著、综合评价好"的县份。在这场脱贫攻坚决战中，各级党政机关干部主动请缨，积极参战，成为脱贫攻坚一线"战士"。他们不怕流汗流血，为改变贫困地区面貌、改善贫困群众生活奉献青春，有的甚至献出了宝贵的生命。

这一天，振奋人心的消息迅速传遍了台江县，人们奔走相告……这一振奋人心的消息像一块石头投进清水江中，激起了台江人民内心的波澜。那一天，人们早早准备好了丰盛的食物，他们要隆重庆祝这历史性的一刻。

我第一时间打电话给杨帆。那时，我还在凯里供电局党建人事部负责脱贫攻坚工作，我们会经常就帮扶工作通电话。而这一次通话，我抑制不住内心的激动。

"你在搞哪样？"

"正在和村民喝酒，已经干了三碗。"

"我比你还高兴，你在现场替我和他们好好地喝几碗酒。"

"要不你赶过来？我们一起再喝几碗，反正从凯里市到阳芳村也才20多分钟。"听他说话的声音，我觉得他已经醉了。

"替我给乡亲们敬一碗米酒吧！"

"这份心意一定尽到，乡亲们非常感谢帮扶单位。"

我真替他们感到高兴。阳芳村在凯里供电局的帮扶之下，成为中国南方

台盘风貌

电网公司首批精准扶贫示范点。由扶贫干部和村民共同创造的"阳芳四化"扶贫工作经验得到广泛推广。作为帮扶单位的一员，我理应感到高兴。

历史必须铭记这一刻。

杨帆告诉我，在那天晚上，人们自发燃放绚丽的烟花，唱起动人的苗族飞歌，跳起欢快的芦笙舞。歌声、欢呼声响彻巴拉河畔。那一夜，身在凯里的我感受到了台盘村的这份快乐。那一夜，我失眠了。回忆2016年3月送驻村第一书记入村时，村子"脏乱差"的情景还历历在目。如今，扶贫干部由当初的不被接纳到后来成为村民的知心朋友。村里的产业从零到目前成立村集体经济公司1个，合作社2个，村振兴公司1个，发展"稻+渔"产业150亩；与台江县巴拉芳华农业公司合作发展羊肚菌150亩、大棚蔬菜250亩。截至2022年底，村集体经济年收入增长到128万元。

短短几年间，这个村子发生了翻天覆地的变化，乡亲们的精气神焕然一新。

尽管台江县已经退出贫困县序列，实现脱贫摘帽，但有很多短板还是需要弥补。台盘村共有2个自然寨，辖3个村民小组，脱贫71户306人，共产党员48人。台盘村驻村第一书记张德说："脱贫攻坚虽然结束了，但村子里脱贫

生机勃勃的阳芳村（曾皎飞　摄）

"村BA": 观察中国式现代化的一个窗口
——台盘村乡村振兴故事

不稳定户还有4户29人、边缘易致贫户3户8人。这是我们需要时刻关注的重点。稍微有个风吹雨打，这群人就会返贫。他们家中缺乏劳动力，家人还有身体残疾等情况，我们也在想尽一切办法寻找补短板的措施。"经过艰苦的脱贫攻坚战，张德成竹在胸，他充满信心地告诉我，下一步将全力打造"村BA"篮球文化小镇，给他们找到适合的工作岗位，比如打扫卫生、维持秩序等社会服务工作。

台盘村里有一位年过六旬的村民，年轻时曾参加湘黔铁路建设。后来，因嗜酒如命，老婆弃他而去。他因爱喝酒无法正常干活，家中较为贫困。2019年，在当地政府的支持和亲人的帮助下，他有了自己的房子。但是，他的家里却没有一件像样的家具。饭桌由一张用锯末板做的小茶几充当，由于长期沾水和油渍浸泡而破损不堪。摆在客厅里的是用麻布口袋作为外包装固定海绵的老式沙发。因为使用的时间太久，麻布口袋已经有多个破洞，露出脏兮兮的海绵。由于没有衣柜，干净和不干净的衣服被随意搭在房间里拉着的一根铁丝上。

村里把他纳入五保户，是老屯国土资源所所长刘东的帮扶对象。刘东见他生活困难，专门写报告到村脱贫攻坚指挥部，为他购买了衣柜、碗柜、床和被子。如今，他的衣柜里整齐地摆放着干净的衣服，客厅也变得干净整洁。喝酒的不良习惯在村干部的监督和教育下彻底改掉，生活步入正轨，他还主动参与村里的环境卫生整治工作。"村BA"火爆后，村里按规定给他发工资。现在，他的生活也在一天天变得好起来。

"上下同心、尽锐出战、精准务实、开拓创新、攻坚克难、不负人民"的脱贫攻坚精神是千千万万的扶贫干部和老百姓在伟大斗争中锻造形成的。

中国共产党始终把消除贫困作为定国安邦的重要任务。党的十八大以来，中国扶贫工作进入新阶段，以习近平同志为核心的党中央将贫困人口全

台盘风貌

部脱贫作为全面建成小康社会、实现第一个百年奋斗目标的底线任务和标志性指标,将脱贫攻坚纳入"五位一体"总体布局和"四个全面"战略布局。

2021年2月,习近平总书记在全国脱贫攻坚总结表彰大会上发表重要讲话:"在脱贫攻坚斗争中,1800多名同志将生命定格在了脱贫攻坚征程上,生动诠释了共产党人的初心使命。"

2021年7月1日,中国共产党建党100周年。那一天我们围坐在电视机前,聆听习近平总书记在庆祝中国共产党成立100周年大会上的讲话。习近平总书记代表党和人民庄严宣告,经过全党全国各族人民持续奋斗,我们实现了第一个百年奋斗目标,在中华大地上全面建成了小康社会,历史性地解决了绝对贫困问题,正在意气风发向着全面建成社会主义现代化强国的第二个百年奋斗目标迈进。那一刻,我们热血沸腾,全身充满力量。

脱贫攻坚战的全面胜利,标志着中国共产党在团结带领人民创造美好生

水稻在微风中摇摆,荡起一层一层金色的浪(曾皓飞 摄)

"村BA": 观察中国式现代化的一个窗口
——台盘村乡村振兴故事

活、实现共同富裕的道路上迈出了一大步。中国提前10年实现《2030年可持续发展议程》的减贫目标，不仅是中华民族发展历史上具有重要意义的伟大成就，也为全球减贫事业和人类发展进步作出了重大贡献。在伟大的脱贫攻坚战中，小小的台盘村实现华丽转身，写下了属于自己的精彩篇章。

台盘乡人民政府对产业发展的前景充满信心。在主导产业方面，自全面实施乡村振兴战略以来，台盘村围绕台江县"2+2+1"产业发展规划，结合台盘村交通区位、自然条件等优势资源，依托台江县返乡创业园、预制菜产业园，成立村劳务工程队，承接建筑、土石方运输、水电安装等工程项目，使得村民实现就近务工。同时，台盘村不断发展由体旅产业"村BA"赛事带动的休闲旅游、餐饮住宿、物流快递等现代服务业。此外，村里积极拓展金秋梨、枇杷等精品水果种植产业发展的新空间。在集体经济方面，台盘村重点依托"村BA"线下体验店、"村BA"主题餐厅等入股台江体旅融合产业发展（集团）有限责任公司，并通过"村BA"赛事期间规范摊位管理和资产出租等方式拓宽村民收入渠道。

台盘村在各项发展指标上逐年上升的数字，犹如一剂催化剂，让全村人更加自信地在乡村振兴路上大踏步前进。

2022年8月9日，佛黔协作美丽乡村篮球交流赛在台盘村成功举办。火爆"出圈"的"村BA"球场吸引线上线下无数关注的目光。球赛现场人头攒动，座无虚席。

台盘村村委会主任、篮球协会会长岑江龙说："这一次篮球比赛的级别更高了，但我们有信心。"据岑江龙介绍，此次前来交流比赛的广东佛山顺德区男女队中有国家篮球运动员和职业球员，还有中国职业篮球联赛（CBA）球员，而台江男篮代表队是由台江县本地和州里其他地方的球员组成。从实力上来看，双方悬殊太大。

台盘风貌

参加佛黔协作美丽乡村篮球交流赛的球员们（龙军　摄）

岑江龙的这种底气，来源于对台盘村发展的自信。

这次篮球比赛是广东和贵州通过日益紧密的协作，共同探索的结果。希望借助火爆的"村BA"流量，为黔东南当地带来乡村振兴的全新动能。

2021年，根据国家新阶段东西部协作工作的部署和粤黔两省的工作安排，佛山市接棒杭州市帮扶黔东南苗族侗族自治州刚脱贫摘帽的15个县。这一场球赛意义非凡，粤黔两地篮球运动员共同拉开了乡村振兴的帷幕。刚刚火爆"出圈"的"村BA"再次引爆网络，引来各大媒体关注：中央广播电视总台《新闻1+1》栏目连线直播，新华社、人民日报新媒体平台同步直播，中央广播电视总台新闻抖音号点赞量超67万，人民日报抖音号观看量突破600万人次，加上无数自媒体也在直播……各大媒体平台的直播累计在线观看人数达到上亿人次。

"村BA"后时代的台盘村，正以加速度的方式实现跨越，以篮球运动为载体带动乡村文化建设和农村产业发展，为乡村振兴走出了一条不一样的道路。

"村BA": 观察中国式现代化的一个窗口
——台盘村乡村振兴故事

▶ 揭示"村BA"火爆的密码

> 我要让世界看见
>
> 内心深处隐藏的火焰
>
> 未来的憧憬
>
> 我要让世界看见
>
> 独特的光芒，燃烧的希望
>
> 揭示"村BA"火爆的密码
>
> 打开古老村庄的大门
>
> 发动振兴路上的新引擎
>
> 我只想，让世界看见
>
> 更加美好的明天
>
> ——题记

"新时代贵州赶超跨越的'黄金十年'为我们创造了一个历史性的机遇。"台盘村驻村第一书记张德对此十分感叹，脱贫攻坚让台盘村实现了"摘帽"，交通、电力、5G网络等基础设施得到了完善，为"村BA"火爆"出圈"打下良好的基础。脱贫攻坚结束后，台盘村村民的生活得到了极大的改善，村民们有更多的精力参与体育文化活动。张德高兴地说："台盘村老百姓的生活水平得到了提升，正是脱贫攻坚取得胜利与乡村振兴取得成果的真实写照。"

与张德聊天是一件惬意的事,我能从他睿智的眼神里看到他对台盘村未来的信心。这是自信,这种自信可以从他始终保持微笑的脸上读懂。

村委会办公楼前的"村BA"篮球场已经成为网红球场。在午后阳光的照耀下,"村BA"篮球场仿佛洒满了金子。我透过窗户往外看,不时有外地游客在拍照留念。篮球场上有人在打篮球,他们的脸上始终洋溢着幸福的笑容。

2023年那个夏天的午后,我和张德的聊天变得诗意了许多。他起身打开窗户,阳光跑了进来。"'村BA'已经成为乡村振兴的新引擎。"张德说得铿锵有力,信心满满,他甚至还念出颇有诗意的一句话:"我要让世界看见,我对未来的期待和憧憬。"是的,从2022年台盘村"村BA"火爆"出圈"以来,台盘村不断以崭新的面貌和独特的魅力刷新人们对这个村庄的印象。

高速铁路穿山而过(曾皎飞 摄)

"村BA": 观察中国式现代化的一个窗口
——台盘村乡村振兴故事

台盘村篮球赛尽管有八十多年历史，为什么在过去的八十多年一直没火爆"出圈"？我带着疑问与张德和台盘村村委会主任、篮球协会会长岑江龙进行了一次深入的交流。

"火爆缘于国家层面对乡村体育的高度重视，2021年《中共中央 国务院关于全面推进乡村振兴加快农业农村现代化的意见》的出台，对激发乡村发展活力，提升乡村文明有了制度保证。"张德如数家珍："广泛开展全民健身活动，加快建设体育强国。" 张德说党的二十大胜利召开后，他在村党支部主题党日活动上对党的二十大精神进行多次解读，这些解读给台盘村注入"强心针"，篮球赛在历史大背景之下，不火不行。

回望一年来在"村BA"篮球场上一幕幕让人热血沸腾的壮观景象：当牛羊、鸡鸭等当地的土特产和极富民族特色的银饰、手镯成为耀眼的奖品；当简约的场地惊现球星、明星，轮番上演民族大团结的民族歌舞；当质朴的村

观众齐唱国歌（曾皓飞 摄）

民对篮球有了梦想、有了追求,"村BA"已经彰显出篮球的纯粹和体育运动的非凡魅力,"村BA"逐渐在全国范围内掀起了一股热潮。这个曾经鲜为人知的台盘村篮球比赛,一夜之间火爆全网,一举成名天下知。

篮球运动是一种文化,更是一种生活方式。张德通过对篮球比赛的观察,有了自己的理解:"村民们通过篮球赛事,传承和发扬了民族文化,展示了农村的魅力。同时,'村BA'也为农村的农副产品提供了展示的平台。篮球比赛是载体,村民们可以将农副产品推向全国,甚至全世界,从而带动农村经济的发展。"用张德的话说:"'村BA'已经成为乡村振兴的新引擎,为农村的发展注入了新的活力。"

2023年3月27日,贵州省首届"美丽乡村"篮球联赛总决赛落幕,黔东南苗族侗族自治州代表队以68∶65战胜遵义市代表队,夺得首届冠军。这次赛事把"村BA"推向高潮,作为首届"美丽乡村"篮球联赛总决赛奖品的土特产鲤吻香米,半年销量翻了几十倍。

龙潭村驻村第一书记陈朋向我介绍了他带领老百姓种植优质水稻的经验,盯紧高标准建设农田521亩,亩产达到900斤,精包装的香米可以卖到11元每斤。棉花村驻村第一书记刘开福带领老百姓通过"三补两参与"种植高山紫薯,213户农户种植230亩,年均产出200余吨。棉花村村民主动对接当地食品加工企业,高山紫薯被加工成紫薯酒、紫薯干、紫薯脆、紫薯面等产品,户均增收2000多元,村集体收入20.6万元。鲤吻香米、紫薯等产品在"村BA"官方线下体验店颇受青睐。

刘开福说:"一到'村BA'赛季,慕名前往台盘村的观众暴增,拉动周边村子的乡村旅游,农副产品也随之打开了销路。"

陈朋笑着告诉我:"在这里,打篮球是一个对外展示的窗口,更是各民族文化和情感交流的纽带。"现在,"村BA"一旦开打,无论是场上的激烈比拼，还是场下观众的互动，不管是民族歌舞的表演，还是土特产的奖品，都展现出了乡村独特的魅力。

"村BA"的火爆，是乡村振兴的需要，是体育强国战略的重要组成部分。岑江龙在学习领会党的二十大精神后颇有感慨："《中华人民共和国经济和社会发展第十四个五年规划和2035年远景目标纲要》明确提出，到2035年建成体育强国、健康中国的目标。'村BA'的全民参与正是推进全民健身的一个新范本，台盘村以自己的方式进行了生动的实践。"

张德说："'村BA'被写入中央一号文件无疑是对我们最大的肯定。"2024年2月3日，《中共中央 国务院关于学习运用"千村示范、万村整治"工程经验有力有效推进乡村全面振兴的意见》发布，当张德读到其中的"坚持农民唱主角，促进'村BA'、'村超'、'村晚'等群众性文体活动健康发展"时，他激动不已。他捧着文件彻夜难眠。在"村BA"火爆的背后，他已经看到了新时代中国乡村孕育的新文化、新业态、新发展，以及产业、文化和生态的振兴。

他与我分享当时的喜悦，特意从抽屉里拿出那份文件，翻出那一页展示给我看。他指着那一行汉字笑着对我说："能够把我们的篮球赛写入中央一号文件，这不仅是对'村BA'的肯定，也是对农村体育事业的高度重视。"他还说："国家对乡村振兴战略的重视，'村BA'逐渐被赋予了新的意义。"

"村BA"的成功"出圈"，离不开广大农民的参与和支持，他们用热情和行动，推动"村BA"的发展。这种以农民为主体的运动模式，形成一股强大的力量，通过他们的参与和努力，推动乡村的蓬勃发展。

岑江龙说："台盘村的篮球比赛已经有八十多年的历史，背后蕴藏着"文化密码"。我们村的篮球运动经历了三代人，现在第四代篮球爱好者已经慢慢

"村BA"前传

成长起来。'村BA'的火爆，得益于村民对篮球的热爱。"他告诉我，台盘村村民对篮球有着浓厚的兴趣。另外，曾经的台江"东风女篮"事迹对他们也是一种激励。今天"村BA"的火爆与这种全民热爱的氛围是分不开的。

以有形的篮球铸牢中华民族共同体意识。台盘村村民选择岑江龙担任村委会主任和篮球协会会长的一个重要原因是，他对篮球运动"永不言败、永不放弃、勇于拼搏"的精神追求。群众的眼睛是雪亮的，他们相信岑江龙会带领台盘村走向美好的未来，神圣的一票肯定会投给他。我对他的采访几乎是在欢笑中进行的，他谈得最多的是以篮球为圆心，把整个村子紧密团结在

深夜，现场观众观赛热情不减（曾皓飞　摄）

"村BA"：观察中国式现代化的一个窗口
——台盘村乡村振兴故事

一起。他相信人心齐、泰山移，没有任何困难可以击倒台盘村人。"村BA"的火爆，有利于铸牢中华民族共同体意识。在篮球场上，无论是哪个民族，都可以共同参与，共同竞技。这种以有形的篮球铸牢中华民族共同体意识的方式无疑是有效的。

媒体的力量功不可没。"村BA"能够持续火爆全网、出新出彩，网络曝光量超450亿次，人民日报、新华社、中央广播电视总台、美国广播公司等媒体聚焦报道，形成现象级传播，由台盘村"村BA"成长为全国"村BA"，成为全国"村"字头系列文体活动的开创者、引领者，这一现象得益于官方媒体的助力。

除了官方媒体强大的宣传外，自媒体的海量传播和网络现场直播也吸引了无数观众。随着互联网的普及，越来越多的农村地区开始使用智能手机和社交媒体。一些热爱篮球的农村青年通过拍摄自己的篮球比赛和训练视频，发布到抖音、快手等短视频平台，吸引了大量观众。这些自媒体人不仅展示了农村篮球的魅力，还为其他篮球爱好者提供了学习和交流的平台。"村BA"通过网络，让更多观众能够欣赏到纯粹的篮球比赛。这不仅拉近了观众与篮球的距离，还激发了他们对篮球的热爱和参与热情。

让幸福生活的成色更足，满足村民日益增长的美好生活需要。作为村委会主任，岑江龙感觉压力很大，面对越来越高端和密集的赛事，他变得更加忙碌。但想到越来越多的年轻人回乡创业，想到乡亲们生活过得越来越好，他心里就充满了力量。

"村BA"的火爆，反映了人民群众对美好生活的向往，篮球运动已深度融入乡亲们的生活，他们找到了"村BA"火爆的密码。"村BA"成功点燃了乡村振兴的火把，为广大乡村探索振兴的路径和经验提供了更多的可能。台盘村已迈出乡村振兴的第一步，任重道远。

"村BA"前传

▶ 落地生根：台盘"乡味"篮球史

> 我喜欢这3.05米的高度
>
> 独爱这一个篮球
>
> 划过直径45厘米的天空
>
> 划过我的心坎
>
> 在这里，我找到了
>
> 来自灵魂深处的快乐与自豪
>
> ——题记

从村口一路走来，做生意的店主和路过的村民热情地和我打着招呼。这是一条两车道宽的道路，既干净又整洁，路的两边是门面。走到路尽头一转弯，我就看到孩子们正在球场上拍打着篮球，脸上写满快乐。"咚——咚——"的声音有力地击打在我的心坎上。虽然是夏天，酷热却挡不住孩子们打篮球的热情。他们满脸是汗，依然乐此不疲。

"几年级了？"

"我上小学三年级。"

"我上一年级。"

"我上四年级。"

……

"村BA"前传

小学生在打篮球（曾皓飞 摄）

"每天都来打篮球不？"

"做完作业就来。"

几个穿着校服的小学生在球场里打球，对我的提问毫不怯场。他们当中有男孩，也有女孩。

傍晚，孩子们都还没有离开。几位老人坐在看台上对着打球的孩子们比画，大声地说着什么。后来才知道，这几位老人当中，其中一位曾经是村里篮球队的主力。他们年轻时爱打篮球，现在老了依旧热爱篮球，一有时间就跑到篮球场来看别人打球。有时，他们也会接过球来，来一个三大步上篮，投上一记三分球。

傍晚时分，有村民陆陆续续进入球场。在台盘村，每天都有村民来打篮球，他们当中有的刚从田地里收工回来，有的商铺歇业后赶到球场。他们喜欢晚饭后来练上一两个小时的篮球。

"咚——咚——"的声音不绝于耳，仿佛敲响的"战鼓"，把他们引到了"战场"。篮球之于他们，必不可少。我问坐在球场边的一位老人："老人家，您懂得篮球规则吗？"他抽着旱烟，摇头笑着说："不懂，就是喜欢看大家打球。"尽管他们当中的很多人都不知道篮球的历史，但是这并不妨碍他们对篮球运动的喜爱。

1891年，美国人詹姆斯·奈史密斯发明了篮球。篮球运动是以手为中心的身体对抗性体育运动，是奥运会核心比赛项目。篮球运动于1896年从天津传入我国，随后在北京、上海等城市也有了此项活动，并逐渐在其他地区开展起来。

篮球作为一项现代体育运动，于1908年传入贵州。如果我对村民们说，美国130多年前就发明了篮球，20世纪30年代篮球运动就在台江县流传开来；他们可能会摇头否认，认为我说假话。历史承载着记忆。如果不翻开这段关于篮球的历史，他们也许会一直认为篮球就在身边，就在台盘村，仿佛与生俱来。

清末至民国初年的镇远道、镇远行政督察专员区作为贵州较早开放的富庶地区，其经济社会发展包括体育运动都走在贵州前列。1936年，在镇远、贵阳等地读书的台拱县学生利用假期之余在家乡修建了一个不规范的篮球场，随后被政府扩建为体育场地。当年，台拱县还举办了一次体育运动会。1941年，台拱县更名为台江县。算起来，台盘地区已经有80多年的篮球运动历史了。

"村BA"前传

镇远古城地处"湘黔咽喉",自古以来是水陆交通要冲,是古代中原连接东南亚各国的必经通道。古城里建有十几座码头,流水经年不息,那些码头的痕迹见证着这座古城曾经的

远眺大山中的台盘村(曾皎飞 摄)

繁荣。在清朝末年,篮球就传入了镇远,然后开明的学生把篮球带到了台江县。据《台江县志》记载,台盘村的篮球运动历史可以追溯到20世纪40年代。

篮球运动进入台江县后,很好地融入传统的民俗节日吃新节当中。吃新节是我国南方少数民族地区的传统农事节日,目的是庆贺丰收并祈福来年再获丰收。从春夏插秧结束到秋收前的这段时间,是台江苗族村寨一个比较闲暇的时间段。忙碌了一个夏天,不同支系的苗族同胞会错开时间,亲朋好友互相走动,过吃新节。过节祭祀时,有的扯三支正在扬花的谷穗挂在神龛上,有的将谷穗与陈米同蒸,象征吃新谷。

虽然过节的时间段各有不同,但每个苗寨过节都十分隆重热闹,节日期间除举办"游方"、斗牛等活动外,还有祈雨、求谷神等活动。吃新节这种传统节日让台盘村的凝聚力得到不断加强。在这里,村民们都会自发举办一系列活动。大家的热情很高,期待吃新节的活动一年比一年办得好。按照传统,台盘村同样会隆重举办斗牛、赛马、吹芦笙、唱苗歌等文体活动。

当然,篮球比赛作为雷打不动的项目,必不可少。有篮球必打、有篮球场必练、有球赛必看。篮球是台盘村男女老少共同的爱好,是每次活动的重头戏。篮球见证了台盘村的繁荣发展。台盘村村委会主任、篮球协会会长岑

"村BA"：观察中国式现代化的一个窗口
——台盘村乡村振兴故事

苗族同胞载歌载舞，共庆吃新节（刘开福 摄）

江龙说道："篮球已经成为台盘村民俗文化的重要组成部分。我不知道是台盘村找到了篮球，还是篮球找到了台盘村，但是篮球在台盘村的确得到了很好的传承。"

岑江龙说："听村里的老人们说，那年代没有篮球，村民就用布料捆扎成球；没有篮板，村民用两根柱子加一块木板，再搭上一个铁圈。"在此后的80多年时间里，历经了三代人，台盘村的篮球比赛没有中断过。从最初的泥土地篮球场，到后来的水泥地篮球场和标准的篮球架，体育设施的升级从一个侧面反映了这个苗寨的巨变。

在过去的一段时间里，村里很多年轻人外出务工，曾有人想过放弃举办篮球赛，但被村里的老人们骂得狗血淋头。

"村BA"前传

"赶紧回来,村里要打篮球了。"

"我们工厂上班是流水线作业,老板不准请假。"

"那你就辞职回来。"

老人打电话叫年轻人回家,再远也要赶回来。

"你看现在的年轻人,一年不如一年了。"

"再不回来,你就是败家子。"

"村子的灵魂不能丢在你们这一代人身上。"

年轻人哪里经得起老人家的"冷嘲热讽",每年的"六月六"吃新节,不管再远,都要赶回家乡打篮球。有的年轻人早就安排好工作,请假回家乡打篮球。有的妇女即使远嫁他乡也要赶回来看球赛。她们的丈夫刚开始觉得不可思议,但最终还是双双在球场边看比赛。

这么多年以来,当地人对于篮球运动的热情从未消减。渐渐地,台盘村

银光闪耀,舞姿翩跹(蔡兴文 摄)

"村BA": 观察中国式现代化的一个窗口
——台盘村乡村振兴故事

"六月六"吃新节篮球赛声名远播，从刚开始的十里八乡的群众参与，到近几年整个黔东南苗族侗族自治州各县的球队都会赶来参赛。

直到现在，每年农历六月初六之前，为了举办篮球赛，台盘村家家户户都会主动出资出力。有的村民因家境困难没钱捐款，就上山砍柴挑到乡场卖了，得到钱再捐；有的村民捐赠木板用于制作篮球板，从不缺席……他们内心朴素的想法，就是无论如何都要把篮球赛办下去。十元二十元不嫌少，两百三百也可以，大家量力而为。在外做生意挣钱多的，有的捐一万元，有的捐七八千元，不在乎多少，重在全民参与。2022年的篮球赛，村里的个体工商户熊正海一人就赞助了一万多元。球赛解说员王再贵说："2022年比赛一共募集了六万多元，再向球场附近摊位收些卫生管理费，整个赛事的奖金和其他支出就完全够了。"

奈史密斯也许没有想到，由他创建的篮球运动竟然在世界上两百多个国家和地区流传，甚至在贵州的大山深处，一夜之间火爆"出圈"。篮球赛在台盘

吃新节期间，苗族妇女欢聚一堂（刘开福 摄）

村融入民俗节日"六月六"吃新节当中，成为节日的重头戏。

黔东南苗族侗族自治州享有"生态之州""歌舞之州""人文之州""百节之乡""民间手工艺之乡""苗族侗族文化遗产保存核心地""迷人的民族文化生态博物馆"等诸多美誉，还先后被文化和旅游部列为中国苗侗风情国际旅游目的地、第二批"国家全域旅游示范区"创建单位、全国首批"国家中医药健康旅游示范区"创建单位，被国家民委授予"中国·黔东南民族文化旅游示范区"和"全国民族团结进步示范州"的称号，被联合国教科文组织列为世界"返璞归真，回归自然"十大旅游胜地之一。2023年初，文化和旅游部公布了国家级文化生态保护区名单，全国有5个实验区通过验收，其中黔东南民族文化生态保护区榜上有名。这是贵州省目前唯一的国家级文化生态保护区。

黔东南苗族侗族自治州有苗族、侗族、布依族、汉族、水族、瑶族、壮族等民族，各民族和睦相处，共同发展，造就了多彩的民俗文化。篮球运动被人们带到黔东南并传承下来，是多民族文化交往交流交融的结晶。身处大山深处的苗族同胞以自己的方式自觉肩负起铸牢中华民族共同体意识的责任。

在全球化背景之下，台盘村村民对篮球文化兼收并蓄的胸襟，值得肯定。他们对篮球的热爱，发自内心，来自灵魂，体现了中国人"海纳百川、有容乃大"的气魄。

《中庸》有"万物并育而不相害，道并行而不相悖"的传世名言，让我们为中华文化的包容性而赞叹。我们从这个角度可以更好地理解篮球运动在台盘村得以不断发展的内生动力所在。

文化的融合发展，如水一般，无论是大江大河，还是涓涓细流，最终汇入汪洋大海的，是人类共同创造的灿烂文化。

▶ 高光时刻:"苗寨女篮"展风采

> 飒爽的英姿
>
> 飞翔着,带着铿锵的力量
>
> 大山给了你坚如磐石的性格
>
> 在你的生命里
>
> 这一个篮球弹跳在你灵魂深处
>
> ——题记

回顾历史,其实是为了更好地走向未来。

"村BA"火爆"出圈",一夜之间让全国观众熟知在贵州省黔东南苗族侗族自治州台江县有一个叫台盘村的苗寨。这一切,因为篮球。事实上,在半个世纪前,台江的"苗寨女篮"已经在全国崭露头角。

前段时间,贵州日报记者曹雯前来台江县采访"村BA",我们进行了一次长谈。我们谈到了台江县的人文、历史,还特意谈到了东风"苗寨女篮"。1974年,新华社刊发"东风女篮新一代"照片,这张照片被选入《中国摄影》向国内外发表,一下子让更多的人熟知贵州大山深处有一支很特别的女子篮球队。

在那个没有互联网,就连书信都很缓慢的年代,"苗寨女篮"如今日的"村BA"这般,一下子就火了。苗族女子拼搏的风采,被各家媒体竞相报道，使得东风"苗寨女篮"的名声很快传遍了全国。巾帼不让须眉，"苗寨女篮"这一支队伍曾让无数人钦佩。

说起"苗寨女篮"，先得说说关键人物刘顶英。她是"苗寨女篮"的中锋代表之一。曹雯找到刘顶英采访，颇费一番周折。她辗转从贵阳市赶到台江县，一路打听，最后赶到雷山县。这位老人目前住在雷山县城，安度晚年。曹雯给我说起刘顶英的童年，自己都流下了眼泪。在那个年代的苗寨，刘顶英具有典型性，她的身上体现出了苗族姑娘自强不息的宝贵精神。

20世纪60年代，台江县革东寨村第一代东风女篮队员合影（《黔东南百年珍影》 曾皎飞 翻拍）

20世纪50年代，刘顶英出生在革东寨村的一个苗族家庭。那时的革东寨村还属于台江县管辖。在那个年代，重男轻女的现象比较明显。刘顶英出生时，已经是这个穷苦苗族家庭的第7个孩子。已经46岁的母亲哭着对父亲说："是个女娃崽，还不如丢到河里去喂鱼。"父亲身体不好，母亲担心以后养不活这个女儿。忠厚老实的父亲说："丢不得，丢不得，不管怎样都是条人命，我们有一天老死了，她的哥哥姐姐多少都会给她一口吃的。"就这样，刘顶英来到了这个贫困的家庭。在她1岁8个月的时候，父亲因病撒手人寰。

在缺衣少食的年代，加上兄弟姊妹多，刘顶英的童年是非常艰辛的。为了能吃上一口饱饭，她什么样的苦活累活都抢着干，10岁就要给哥哥嫂嫂带孩子，13岁在大队里和大人一起抢工分。大人干一天得8分，小孩子干一天也有3分。穷人家的孩子懂事早，刘顶英非常听话。大家对这个苦命的苗族

"村BA":观察中国式现代化的一个窗口
——台盘村乡村振兴故事

东风"苗寨女篮"4号刘顶英(左二)(欧喜喜 提供)

女孩怜爱有加。16岁那年,刘顶英第一次看见有人打篮球,见学生们带着球在操场上跑来跑去,然后投向不远处架起的木板,上面还有个类似背篓的筐。她看得眼睛都直了。她不知道那是篮球,也不知道他们在干什么,但他们奔跑起来快乐的样子却深深吸引了她。她壮着胆子去问老师,老师告诉她那是篮球,这个苗族女孩生命中第一次听说"篮球"这个词。征得老师和同学们的同意后,她怯生生地摸了一下篮球。那种感觉像触电一样,让她如痴如醉,她找不到更好的词语来形容当时的心情。

她用手拍打着篮球,"咚——咚——"的声音,那种感觉太美妙了。她和她的小姐妹参与到打球的队伍里,把青春、激情抛洒在球场上。她们抢到球就跑,却怎么也投不进篮筐。虽然投不进,但在球场上奔跑、跳跃、欢呼……那种说不出的快乐,让16岁的她心中充满着惬意。"那种感觉就像整天吃了蜂蜜一样。"多年后刘顶英回忆第一次摸篮球的感觉,心里甜滋滋的。

然而,长辈们却不同意姑娘们打篮球。他们认为女孩子生下来就应该安安静静,在坝子上疯来野去地成何体统,以后嫁人都困难。"谁家愿意娶个疯婆娘?"大呼小叫会被别人认为没家教。长辈的反对带着狭隘的偏见,思想越偏激,偏见就越严重。虽然遭到长辈的反对,但是这群苗族姑娘依然在打篮球,乐此不疲。时间久了,台江县体育运动委员会篮球教练欧绍钧知道

"村BA"前传

了这件事，他特意跑到苗寨去了解情况。看到活泼开朗的姑娘们对篮球的热爱，他积极支持并不断鼓励姑娘们不仅要打篮球，还要打出高水平。他传授打球经验，教她们如何传球，如何投篮，如何进攻，如何防守。篮球是刘顶英唯一的爱好，她的悟性很高，进步很快。1973年，刘顶英加入了台江县女篮代表队，成了一名职业篮球运动员。她的世界一下子就不一样了，仿佛见到了有生以来最多的阳光。

曹雯在其报告文学《小篮球碰撞大时代》里写道："1973年，贵州省体委在当时的东风大队（现剑河县革东镇）召开全省农村体育现场会，全面总结东风'苗寨女篮'经验，并号召各地认真学习，加强农村体育工作。会议期间，苗族姑娘们与有关代表队进行了篮球、打靶、游泳比赛，展现苗族儿女风采，被各家媒体竞相报道，使得东风'苗寨女篮'的名声很快传遍全国。1974年，新华社刊发'东风女篮新一代'照片，被载入《中国摄影》向国内外发表。"

曹雯是较早用文学方式表现台江篮球和"村BA"的记者。她用深厚的脚力、眼力、脑力和笔力推出的《"村BA"出圈记》系列作品广受好评，对台江篮球历史和文化的挖掘功不可没。

打篮球成了刘顶英的职业，也让她拥有了较为稳定的收入。在那个年代，她比同龄人要幸运得多。她时常将童年吃苦的经历转化为拼搏的动力。她的经历让我想起了苗族传说中的仰阿莎。

传说中，苗族姑娘仰阿莎出生在一个深潭里，她非常漂亮又聪明。仰阿莎出生的第一天就会笑，第二天就会说话，第三天就会唱歌，第四天就会织布、绣花。

很快18年过去了，仰阿莎到了出嫁的年纪，求婚的人蜂拥而至。他们踩平了去仰阿莎家的路，踏破了仰阿莎家的大门槛。后来乌云经过各种哄骗将仰阿莎嫁给了太阳，太阳又懒又凶，还被名利冲昏了头脑，好几年不曾回家。月亮

"村BA":观察中国式现代化的一个窗口
——台盘村乡村振兴故事

1986年,革东寨村女子篮球队在贵州省第二届农民"丰收杯"篮球比赛中获得第一名(《黔东南百年珍影》 曾皖飞 翻拍)

是一个结实、标致的小伙子,为人忠厚,干起活儿来很勤快。他经常帮助仰阿莎,后来两人相爱并逃到遥远的地方安家。太阳知道了此事,找到了他们,但是仰阿莎不愿意再和他一起生活。于是,太阳给月亮出了很多道难题,最终都被月亮一一解决。经历一系列波折之后,仰阿莎与月亮终成眷属。这个故事在黔东南苗族地区广泛流传。传说归传说,但仰阿莎勇敢追求幸福生活的精神,给后人留下了深刻的印象。

刘顶英用自己的实际行动与命运抗争,追求幸福,最终赢得了人生的主动权。通过参加各级各类的篮球比赛,她来到了省城贵阳,又到了湖南等地。高超的篮球技艺给她带来了很多的荣誉。她的命运被篮球改写了,她的血液里蕴藏着热爱篮球的基因。

从革东镇到台江县城,15千米的山路。过去,刘顶英要走几个小时,感觉进城是一件天大的事情。然而这一次,她走得更远,凭着自己的努力,一路从贵州"打"到北京,参加了1978年的全国体育工作者代表大会,受到国家领导人的接见。对于刘顶英来说,这无疑是天大的荣誉。如果不是篮球,刘顶英不出意料会过早地生儿育女;如果不是篮球,她可能一辈子都走不出大山。

那时候的刘顶英性格坚强,敢于追求自己的人生理想。她展现出了苗族女性自立自强的精神。她说,如果听从母亲主张早早嫁人的话,也就没有了

"村BA"前传

后面的故事。打破旧观念，靠双手打造出另外一个自己，刘顶英活出了自己的精彩。多年之后，她的母亲一想到当年要把她丢掉的那一丝杂念，就会泪流满面。

从1970年到1980年的10年间，是刘顶英生命中最快乐的时光。

20世纪80年代，在江苏省丹阳市举行的全国第一届农民"丰收杯"篮球赛中，刘顶英作为球队中坚力量参加台江县组建的"东风女篮"队。这是第一支代表贵州省参赛的农村女子篮球队。

如今，谈起过往，刘顶英感慨万千。因为篮球，这位原本苦命的苗族姑娘，无论走到哪里都会得到人们的青睐和夸赞。她有着绝大多数苗族女性的豪爽性格。作为对命运的回报和感恩，无论别人安排她做什么，她都一定会全力以赴。

据《贵州体育》杂志记载，在东风"苗寨女篮"影响下，台江县农村体育事业快速发展。有关数据显示，从1975年到1983年，东风"苗寨女篮"球队协助县体育运动委员会培养了148名农村体育骨干力量。到1984年，全县共组建68支"苗寨女篮"球队，篮球场也由1965年的129个增加到1985年的319个。这一切都成为台江县乡村篮球发展的坚实基础。

第三代东风"苗寨女篮"于1986年参加了贵州省第二届"丰收杯"农民运动会，获得女子组第一名，并被组委会授予"精神文明运动队"奖。据《台江县志》记载，1989年东风"苗寨女篮"被评为全国体育先进基层单位。到1990年末，东风"苗寨女篮"共发展为5个梯队，共计81名运动员。

革东寨村第三代篮球队员练球的情景
(《黔东南百年珍影》 曾皈飞 翻拍)

"村BA"：观察中国式现代化的一个窗口
——台盘村乡村振兴故事

篮球曾经在台江县创造了奇迹。台江人民对这次"村BA"火爆"出圈"由惊讶到后来的淡定，不无道理。"苗寨女篮"是过去的历史、过去的辉煌，但对后来者的激励力量却是无穷的。

人们好奇台盘村到底是在什么样的历史背景之下，以什么样的方式找到与篮球的最佳融合点，再以什么样的方式打开了篮球密码，让这个小小的苗寨在一夜之间就火爆起来？最根本的原因就是，热爱篮球的人们在这块热土上生生不息，绵延不绝。"苗寨女篮"坚韧不拔、自强不息的精神就是振兴的密码之一，也是台盘村篮球火爆"出圈"的重要基因。

"村BA"前传

▶ 历史见证:"村BA"一步一步走来

> 60年,见证了太多历史风雨
>
> 每一次上场,都是因为
>
> 心中的激情无法言表
>
> 今天,容颜虽老,而时间没老
>
> 凝成一丝一缕的记忆
>
> 他把美好藏于心底
>
> 此生唯爱,关于篮球那点心事
>
> 他用了一甲子的时光
>
> 温暖余生
>
> ——题记

当我写下这首短诗的时候,已经感受到了时空的辽阔,但我更感受到了这份持久的力量。村里有一位老球迷的故事值得一说。

93岁的李光发是台盘村篮球赛的铁杆球迷。篮球比赛一开始,尽管挤得水泄不通,但只要李光发缓步出现在篮球场上,周围的观众就会主动让出一个通道,把最好的观众席位留给他。他就像贵宾一样,享受着这份荣耀和敬意。这么多年以来,篮球赛的观众席上无论多么拥挤,村里人都会给他留个

"村BA": 观察中国式现代化的一个窗口
——台盘村乡村振兴故事

好位置。

岑江龙说:"像李光发老人这样痴迷篮球,一场不落的球迷,实属难得。有一年,篮球赛正在进行,突降暴雨,好多观众跑去躲雨了,老人一个人端坐在看台上把球赛看完。那一次,老人因此感冒了好几天。"

据李光发回忆,那是1961年,他当时在贵阳当工人,工厂效益不好,他只好回到台盘村。回到家乡,李光发就成了地地道道的农民。

"土里刨食,至少能填饱肚皮。"在这里,李光发耕种土地,劳作之余就看村民打篮球。李光发的生活虽然清苦,但看篮球赛总会给他带来无穷的快乐。也是从那一年起,他成为篮球场边最忠实的观众。他白天下地干农活,吃完晚饭去球场看比赛,半夜才回家睡觉。"当一个地地道道的农民,没有什么不好。"李光发老人说,在台盘村就能拥有安逸的生活。几十年如

俯瞰台盘村(刘开福 摄)

"村BA"前传

一日，到2021年就是60年了，整整一甲子。

"那时球篮都没有，随便找根竹藤编成一个藤圈，找木板固定挂起来就成。"李光发回忆起往事显得兴致勃勃："看他们耍得开心，自己也开心。没篮球并不影响打篮球。大家找个布团，甚至石块，只要投准就成。"

后来，台盘村村民自力更生挺了过来。虽然困难重重，条件简陋，但篮球不会少，村子里依然有一群篮球爱好者。"饿着肚子也要打篮球。"从1968年起，台盘村篮球赛总算有了专业的篮球和篮球架，人气慢慢聚集起来。每一次篮球赛开打，都吸引无数观众，有阳芳村、平水村等外村的老人包着米饭，走四五十分钟的山路来看球赛，一看就到后半夜。李光发说："那时很穷很苦，但也挡不住人们打篮球的热情。"20世纪80年代，算是一个打篮球的高峰期。村里有很多年轻人，经常组织起来打篮球。

一到"六月六"吃新节，人们就邀约打篮球，村里总能组织起好几支队伍。他说，那时没电视、没网络，文化娱乐活动较少，最常见的娱乐活动就是打篮球。打篮球和看篮球比赛成了绝大部分村民的首选。台盘村驻村第一书记张德说："篮球运动很好地维系了大家的情感。有时候，左邻右舍发生纠纷，一起看一场球赛，喝一顿米酒就可以解决了。"

台盘村有一个很好的传统，就是团结。村里只要组织篮球队，大家就会比过苗年还积极，非常踊跃。现在生活条件好多了，妇女篮球队、少儿篮球队都组织起来了。篮球活动组织得越来越好，村民的士气高涨，文明乡风鼓舞精气神。李光发老人打心眼儿里高兴。

苗族姑娘大多能歌善舞、天生丽质，但她们择偶标准其实很简单：对方的身体素质好，待人真诚，两人真心相爱。"年轻人不打篮球，摇马郎都没姑娘跟你去。"摇马郎就是"游方"，用现在的话说就是谈恋爱。李光发给我讲述了打篮球的重要意义：台盘村的男青年在球场上潇洒的身姿、精彩的

"村BA":观察中国式现代化的一个窗口
——台盘村乡村振兴故事

扣篮,容易获得看台上苗族姑娘的青睐。

李光发笑着说:"一个村没有篮球赛是会被外人看不起的,会打篮球的小伙子娶媳妇要比不会打篮球的容易得多。"以篮球为媒,村子里的确有几个篮球打得好的年轻人,得到了姑娘的芳心,最终喜结连理。"我们村委会主任、篮球协会会长岑江龙的老婆就是他的忠实'粉丝',现在已经有两个孩子了。"李光发老人对我说:"你去问问他老婆杨秀芬,就会晓得打篮球的年轻人的魅力了。"

我打电话给岑江龙的爱人杨秀芬,她正在忙着准备下午的饭菜。这些天,台盘村"六月六"吃新节篮球赛火热开打,她经营的饭店每天宾客爆满。我希望从她那里了解当年她和岑江龙的感情经历,她笑而不答。从她豪爽的笑声里,我知道李光发老人所言不假。

台盘村地处台盘乡中心,是人们赶集之地。根据传统,每隔六天就有一次赶集。每逢赶场日,周边村寨的乡亲挑上自己饲养的鸡鸭、种植的蔬菜、山上摘的蘑菇等农副产品前来交易,然后换成钱购买生活用品,最重要的是聚在一起参加一场篮球比赛作为娱乐。小孩紧紧跟在大人身后,也是想来看一场篮球比赛。

李光发说:"其他村这些年也举办篮球赛,而台盘村一年比一年办得好。这不是吹牛,因为我们村的篮球赛有看头。"作为一名乡村篮球赛的忠实观众,他最有发言权。如果组织得不好,别的村寨就不会愿意前来打

李光发(左)接受采访(刘开福 摄)

"村BA"前传

篮球比赛的精彩瞬间（曾皓飞 摄）

比赛。李光发的感慨和村子里大多数人一样。台盘村吃新节篮球赛报名信息一发布，各村寨报名的人络绎不绝。台盘村的组织能力和队员们打篮球的水平可见一斑。只要举办篮球赛，就会吸引大量观众。

眼前这位可爱的老头儿话里带着幽默，我问他知不知道球星乔丹。他摇头说："乔丹是谁我不知道。我只晓得台盘村的球星，比如老一点的陆大江、吴运权等，年轻一点的有岑江龙、李正恩等。台盘村的球星在我眼里就是大英雄。特别是年轻的一代。我看着他们从童年光着脚板穿着开裆裤打球起，一路打来一路长大，真过瘾。"李光发这个忠实的观众见证台盘村篮球赛一步一步走来，终于在2022年夏天见证了"村BA"火爆全网的盛况。

"从石头球、棉花球，到现在的橡胶牛皮球……台盘村的篮球赛能走到今天，其实挺艰难的。"岑江龙感叹："这一方面见证了我们台盘村村民的生活水平逐步提高，另一方面也见证了伟大的祖国不断走向繁荣富强。"

"村BA": 观察中国式现代化的一个窗口
——台盘村乡村振兴故事

电子计分器（龙军 摄）

乡村的兴旺发达，与人气有关，与强大的凝聚力有关。陆大江、李光发等老一辈台盘村人是有故事的一代人，是那个时代的代表。谈起当年的篮球比赛，人们的话匣子一下子就打开了，特别是一个关于计分板的故事，让我印象非常深刻。

30年来，台盘村的村民潘举一直专注地做一件事，那就是义务为村里的篮球赛当记分员。他用30年的时间见证了台盘村村民对篮球的热爱。他记在小黑板上的粉笔字，苍劲有力，让人看上去赏心悦目。一直到2022年"村BA"火爆之后，篮球赛有了电子计分器，潘举才想起自己已经当了30年的记分员。有了电子计分器后，潘举仍然舍不得放下他的计分小黑板。他觉得这件事已经深深嵌入他的生命之中，意义非凡。"他和村里的篮球队员一样，对篮球是发自内心的热爱。"张德说，"尽管有了电子计分器，一遇到比赛，他还是拿起小黑板在记分。他一丝不苟的样子，令人动容。"30年如一日，村民们称他为"最佳记分员"。我在台盘村看见过这块历经风霜的小黑板。用潘举的话说，他的一笔一画，在小小的黑板上写下的不仅是台盘村那一场场篮球比赛的分数，而且还是这个苗寨发展的历程。

当村庄有了一个个生动的故事，也就有了强大的凝聚力，诸如"村BA"的火爆，正是在党的领导下，台盘村"两委"团结带领全村人民，汇聚在一起，以篮球为圆心，创造的充满能量的故事之一。

"村BA"前传

▶ **青春筑梦：篮球情缘**

> 步伐矫健，目光坚定
>
> 以45度的角度仰视
>
> 一道弧线，带着青春和梦想
>
> 从我掌心出发
>
> 经久不息的掌声
>
> 在场外响起
>
> ——题记

  深夜，书房里静得只剩下键盘的敲击声。从2022年10月着手写"村BA"以来，我满脑子都是关于台盘村的人和事，他们自然地随着手指的起伏，变成一段段或长或短的文字。村民们朴实的言语、憨厚的笑容，村子里那人声鼎沸的球场、丰收在望的稻田……构成了一幅幅生动的画面，浮现在眼前，深深地打动着我。我一直在寻找篮球对于台盘村父老乡亲的意义，直到此刻，年过八旬的陆大江似乎给了我一个答案。

  来台盘村采访之前，我早听说过"棉花篮球"的故事，一直想要见见这位自制"棉花篮球"的老人。虽然是周末，但依然有村民前来村委会办事。我正坐在沙发上思考采访的内容，驻村第一书记张德带着一位精神矍铄的老人走

"村BA": 观察中国式现代化的一个窗口
——台盘村乡村振兴故事

陆大江老人向记者展示"棉花篮球"（张德 摄）

了进来，向我介绍："这位就是自制'棉花篮球'的老人——陆大江。"

个高，清瘦、健谈，身板硬朗，这是老人给我的第一印象。我喊他陆伯，请他抽烟，想用这种方式拉近我和他交谈的距离。他也急忙掏出香烟，热情地握着我的手，硬要和我交换香烟。他坐在我面前，完全看不出已经80多岁，他的头发只是部分花白，与同年龄的老人相比，他显得格外精神。谈起年轻时打篮球的事，他又有些激动。

"专门找铁匠打了一个结实的篮圈。"他双手比画着一个圆圈，"那时候真是穷，我们买不起篮球架，找木柱、木板，自己做一个就成了。"

"把石块当成篮球，只要投进篮圈就行。那时的条件和现在的条件不能相提并论。"

"野得有味，土得掉渣，但我们喜欢。"

20世纪50至60年代的中国，经济条件有限。陆大江他们那一代年轻人，虽然吃了不少的苦，但一直都没有放下篮球。他们是吃新节篮球比赛发展的见证者。陆大江说，年年都打篮球，从来没有间断过。就算是最艰苦的那几年，他们勒紧裤腰带也要举办篮球赛。

陆大江边说边向我展示一个毛线包裹的棉布球。"那时家里穷，买不

"村BA"前传

起篮球,我就偷偷把母亲用来织布的棉线和棉花做'棉花篮球',用来当篮球打。"他娴熟地把玩着棉布球,可以想象,年轻时的陆大江一定是篮球高手。不出所料,张德告诉我,陆大江7岁开始接触篮球,19岁就代表村里去参加比赛。

"那一年,我记得六七岁的样子,老母亲发现了也没过多责怪。"陆大江特意在地上展示了一下"棉花篮球"的弹性,竟然与篮球有异曲同工之妙。他笑着说:"'棉花篮球'一样可以在球场上一比高下,只要快乐就好。"

听老人讲起那些珍贵的历史物件,我忍不住问道:"在村子里还找得到类似'棉花篮球'这样留存着台盘村篮球记忆的物件吗?比如,以前的锦旗、奖状、穿过的球衣等。把这些承载着台盘村篮球历史的物件,在建设台盘村篮球文化馆的时候,一一展出,那将意义非凡。"台盘村村委会主任、篮球协会会长岑江龙不无惋惜地告诉我,以前见到一些,放在老村长家里,老人过世时连同遗物一道烧掉了。"村BA"火爆后,他们才意识到那些老物件的价值,但为时已晚。

陆大江老人手上把玩的"棉花篮球"有些年头了,见证着台盘村篮球运动一路走来的历史,承载着一段令人难忘的记忆。

陆大江年轻时就喜欢打篮球。因为他善于抢断,身板灵活,所以在球队里享有很高的威望。

"他是台盘村篮球运动历史上第二代球员。"张德

台盘村第二代球员陆大江(右)接受采访(刘开福 摄)

"村BA": 观察中国式现代化的一个窗口
——台盘村乡村振兴故事

继续说，同时代的球员还健在的有龙文发、吴运泉、杨秀忠三位老人，他们撑起了那个年代台盘村篮球运动的一片天。

"村BA"火爆之后，引来无数官方和自媒体关注。健在且身体硬朗的陆大江成了各大媒体追捧的对象。在媒体的深入挖掘中，台盘村第一代篮球人，比如陆大江、龙文发、吴运泉、杨秀忠他们的父辈也进入了人们的视野。新华社这样描述台盘村第一代篮球运动员：在台盘村，该村第一代篮球运动员、陆大江的父辈们在泥地里用四根树干撑起两块简易篮板，配上竹编篮筐，用石灰在泥地里画出界线。篮球则用棉花、麻线绑成，俗称"棉花篮球"。

没有篮球，就用棉花、麻线绑成，照样打得精彩，赢得阵阵掌声。"从小跟着父辈在泥地里打球，一场球打下来，石灰线都被踩掉了，'棉花篮球'三下两下就被打散了。"陆大江把玩着"棉花篮球"，脸上堆着笑。他对记者们常常是侃侃而谈，又兴奋又激动。

想不到小小的台盘村，已经经历了三代球员，第四代球员也在慢慢地崭露头角。这在其他的村寨是较为少见的。

在陆大江眼里，台盘村是附近十里八乡篮球比赛的"中心发源地"。过去村里每周赶一次集，第二代球员们想和其他村寨打友谊赛了，就在集市上张贴海报广而告之，类似设擂台比武。

告示一贴出，总是引来无数人围观。

"没钱去做锦旗，我们就用旧床单裁剪出锦旗的形状，用毛笔书写'冠军''亚军''季军'；没有球衣，直接用粉笔在衣服上写上数字；奖品是全村群众凑的大米或红薯。没有奖品也无所谓，纯粹自娱自乐，图一个快乐。"那时候尽管物质生活匮乏，但他们对篮球的激情不减。

20世纪50至60年代村里组织球队打比赛，那时村里的经济条件不好，大家的生活都不富裕，吃饱饭都成问题。但是有一群热爱篮球的年轻人自掏腰

"村BA"前传

三代球员在"村BA"球场上宣誓（中为陆大江）（龙军　摄）

包购置比赛锦旗，作为精神奖励。虽然简陋，他们却坚持了下来，让篮球运动在台盘村得以延续。

在村里，说到自掏腰包筹办比赛，大家积极参与，齐心协力，都想为球赛作一点贡献。家庭情况好的，多出一点，家庭经济一般的，少出一点，几十年来从来没有一家落下。

1995年，陆大江担任村里工作组的组长，有一定的号召力，对继续办好吃新节篮球赛起到极大的推动作用。

"2022年，我们村民筹集来的资金有6万多元，除了举办球赛的开支，还用来给获奖的队伍发奖品。"台江县城关二小的体育老师吴小龙是台盘村本地人，他对篮球赛有着深厚的情感。他直言："大家比赛不在乎奖金，只在乎精神荣誉。"

2022年夏天，"六月六"吃新节篮球赛照常进行，冠军的奖品是一头

"村BA":观察中国式现代化的一个窗口
——台盘村乡村振兴故事

2022年台盘村"六月六"吃新节篮球赛,黎平县篮球队获得冠军(张奎 摄)

牛,被黎平县篮球队斩获。据说黎平县篮球队回到黎平那天,街道两边锣鼓喧天,围观群众掌声不断。这隆重的场面激动人心,令人难忘。

一只木龙舟、一张绣片、一顶银帽、一只羊、一头猪、一只鸡、一只鸭、一个西瓜等成了球赛的奖品,这些奖品都是当地的特产,使得球赛充满"乡味"。"农"字号奖品彰显了乡土情怀,增强了比赛的区域特色。

作为东道主,台盘村定下规矩:友谊第一、比赛第二。比赛展现的是团结精神和宽广的胸怀。"精神上的褒奖更能激励球员,让球赛走得更远。"陆大江说,"我们当年夺得冠军了,举着绣有'第一名'的锦旗满球场跑,欢呼声、尖叫声此起彼伏。"

"我年纪大了,但每天还会在球场上练练。不摸摸篮球,手掌心都是痒的。""有时下地干活回到家,拿着篮球在球场上打几圈,一身的疲惫都没了。"陆大江自豪地说,现在虽然不上场打篮球赛了,但每次有球赛都到场观看,参加趣味篮球互动。

中华人民共和国成立以后,人民生活逐渐向好,泥地篮球场以及"棉花

"村BA"前传

篮球"已逐渐退出历史舞台，成为那一代人的记忆。"现在党的政策好，不愁吃不愁穿，精神生活更应该跟上去了。"陆大江不无感慨地说："我们那一代打篮球的，目前健在的还有三个，大家精神状态都还不错呢。我还可以组织他们上场比赛，但现在的年轻人不准我们上场参加比赛了，怕我们老头子摔坏骨头。"

74岁的杨秀忠是他的球友。杨秀忠干完农活后，沾满泥巴的胶鞋都来不及换，就来到陆大江家聊天。他们谈得最多的是年轻时打球的事。那时多潇洒，那时多帅气。"我们台盘村篮球赛办得有声有色，其他村寨开始向我们下挑战书了。"谈到过去的时光，仿佛就是昨天的事。

"有战必应，否则会被别的村看不起。"

"我们结伴步行几十里路去外村打比赛。那年代我们只有翻山越岭、蹚水过河，再远也不觉得累。一心只想打球，而且还要打赢，为村里赢来荣誉。"

"现在每个村都通公路了，坐上汽车，或者骑辆摩托车就过去了，多

朝气蓬勃的台盘村少年（龙军 摄）

"村BA"：观察中国式现代化的一个窗口
——台盘村乡村振兴故事

方便。"

老人们聚在一起都爱回忆年轻时的快乐时光。

杨秀忠经常说他的子孙都会打篮球，而且孙女之前在贵州的一所高校读体育专业，毕业后在县城当老师，教小朋友打篮球。

陆大江听完他的"显摆"后一点儿不生气，反而笑呵呵地说，台盘村篮球运动后继有人，是一件值得高兴的事。

说起当年的球友，陆大江眼睛瞪得溜圆，双手动作幅度很大，说某某的传球太"野蛮"，某某的扣篮动作很标准，某某的三分球命中率高。

陆大江说每次组织比赛，他们都会在球场边贴出告示：不允许打架、不允许调戏妇女。一经发现，立即取消比赛资格，再也不许参赛。

"'友谊第一、比赛第二'，到我村篮球场参赛的球员，一定要服从组委会安排，文明参赛，服从裁判裁决。若存在球员不尊重裁判、闹事，甚至打架斗殴者，立即驱离球场到村委会进行协调，报公安机关依法处理，并列入球场黑名单进行曝光，终身不得到台盘村打球。"

谈起规则，张德指着贴在墙上的《台盘村篮球场管理制度》说："这项

篮球场上的歌舞表演（曾皓飞　摄）

制度对篮球比赛进行了明确的规定。比如观看比赛时要讲文明，要正确对待输赢。不管哪一方的球员进球，特别是对分数落后的球队，观众都要为他们加油、鼓劲。"

在陆大江的印象里，台盘村举办的篮球赛都是井然有序的。

"你们几位老人家是我们台盘村的宝贝，是我们的精神偶像。我们要向你们多多学习啊！"岑江龙接过话，笑着说。

对于台盘村"村BA"突然火爆，陆大江表现得非常平淡，好像火爆是命中注定的，只是刚好在此时而已。陆大江笑笑说，"村BA"的火爆是天时地利人和共同作用的结果，现在党和国家政策好，村民物质条件好了，打篮球成为人们增强体质、提振精神的运动。他眼睛移向门外，盯着门外新修建的"村BA"球场看台上"全民健身、全民健康"几个大字，大声说："这是传承，这是我们台盘村的精气神。"

"看看年轻人打球，是一种享受，更是一种快乐。"陆大江只要一有空，就往球场跑，有时坐在看台上，有时到场地里走走，一晃就是一个下午。蓝天下，他看着孩子们在球场上奔跑，仿佛找到了自己年轻时的影子。作为台盘村篮球史上的第二代球员，他有说不完的篮球话题。我从他的口述中感觉到，他在篮球里找到了快乐，找到了精神寄托，篮球与他的生命有着不解的情缘。老人感到很欣慰，他告诉我，做梦都想不到村里会有这么好的一个球场。

眼前这位老人给了我太多的感动，我问他年轻时上场能打多久，他瞪着眼睛自信地说："不是夸张，两三个小时不在话下，熬夜打都不影响第二天下田继续劳动。"

2023年夏天，我在台盘村采访，特意去拜访了另外三位还健在的第二代球员龙文发、吴运泉、杨秀忠。三位老人面带微笑，聊起了那些令他们至今

"村BA"：观察中国式现代化的一个窗口
——台盘村乡村振兴故事

难忘的篮球故事。

如今，陆大江平日里没事就和几位老伙伴聚在村口打打牌，遇到有篮球赛时，他提前吃完饭，拿上板凳又和老伙伴们去球场看比赛，一看就是几个小时。他们要在年轻人身上找到自己当年的影子，找到没有被岁月湮没的自豪感。篮球留给他们的记忆是美好的。一谈到篮球，他们的脸上就会绽放出自信的光芒。这种自信藏在他们心里，并一代一代传了下来。

让陆大江欣慰的是，村里的孩子们都爱上了打篮球。下午放学后，村里的孩子们抱着篮球，穿着拖鞋，三三两两地走进球场，在篮板下尽情弹跳，释放着台盘村新一代篮球爱好者的活力。看到火起来的篮球赛事，陆大江比谁都激动。看到山呼海啸的篮球比赛场面，他想，这不是多年以来一直所期待的吗？年轻一代的球员活力四射的比赛状态，这不正是自己一辈子想看到的吗？陆大江从火爆的篮球里找到了精神寄托。他相信，这篮球会飞，带着村子一起飞翔，飞到更远的地方。

因为喜欢打篮球，乡村文化丰富了，村子里打麻将和聚在一起玩手机的人少了，我在村子里转了一圈，没有看见聚集在一起打麻将的人，村民各自在忙着自己的事。除了这些显著的变化，篮球还给台盘村带来一些看不见的变化。比如"村BA"火爆之后，村里的卫生条件得到很大程度的改善；比如村民精气神饱满，干事创业激情高涨。

篮球让村民在近距离的交流互动中不断增强凝聚力，在推动乡村振兴的过程中把外在助力转化为内生动力，实现可持续的振兴。

火爆"出圈"

"村BA":观察中国式现代化的一个窗口
——台盘村乡村振兴故事

▶ 寂寥村庄,在喜鹊的欢叫声中醒来

> 在空中划过的篮球
>
> 像一道闪电刺破黑夜
>
> 此刻,有一只苍鹰飞过
>
> 带着风声,像一道闪耀的光芒
>
> 奔向心中的目标
>
> ——题记

亿万年间,沧海桑田,地壳运动造就了高山大川。古地中海渐渐消失,青藏高原隆起,成就了如今壮丽的山河版图。雷公山在那个时期已经形成。在雷公山北麓,这个名叫台盘的村寨像一块漂亮的翡翠点缀在青山绿水间。

320国道从台盘村口绕过,以前从锦屏、天柱、三穗、剑河、台江到凯里的车辆必须经过这里。每天,来往车辆的喇叭声不断,一派车水马龙的景象。2006年10月底,三穗至凯里的高速公路通车后,大小车辆直接上了高速,经过这里的车辆比原来少了许多。

三穗至凯里的高速公路是上海至瑞丽(沪昆高速)国道主干线贵州省内东段中的一部分,是国家重点规划建设的国道主干线"五纵七横"中"一横"在贵州省内的一部分,也是贵州省进入湖南省的交通大动脉,已成为贵州交通网络的重要组成部分。在高速公路的快速发展之下,320国道一度变

火爆"出圈"

国道G320台江至台盘段"畅安舒美"示范路（陈沛亮 摄）

得"冷清"，那种刺耳的喇叭声也随之减少，村子也变得安静了。但是，平静之中往往蕴藏着巨大的变化。

台盘村篮球场边的树上飞来一只喜鹊，"喳、喳、喳"地叫个不停，似乎要把整个村子叫醒。台盘村党支部书记张寿双仰头观看喜鹊良久，在隐约中感觉即将有"大事"要发生。喜鹊自古就被认为是一种吉祥的鸟，喜鹊鸣叫象征着喜事临门，将有美好的事情发生。后来谈起这一只喜鹊，张寿双说这是台盘村有喜事降临的前兆。

"不要插队，不要插队。"

"你来自哪个村？"

"领队姓名？球员姓名？请把身份证交来查验。"

"谢绝外援和非农业户口的球员参赛。我们讲究公平公正，一视同仁。"

"球队衣服是什么颜色的？"

……

"村BA": 观察中国式现代化的一个窗口
——台盘村乡村振兴故事

热情的观众为球赛呐喊助威（曾皓飞 摄）

湛蓝的天空飘着几朵白云，阳光照在篮球场上，硕大的两个汉字"台盘"重新刷上了油漆，在篮球场中间更加显眼。2022年7月初，台盘村已经热闹起来，开始接受来自各村寨的篮球队报名。临近"六月六"吃新节那几天，报名开始密集。临街的小餐馆、小超市顾客盈门，店主们抓紧时间备货。村里的人流量也比往日增加了不少，附近村寨的球员一大早就赶来练球了。

篮球赛报名的最后一天，张寿双忙得不亦乐乎，他大声说着话，又像自言自语。他从早上开始登记，中饭都忘了吃。村干部们一直在忙碌着：安排比赛场次，联系球员住宿，联系用餐地点……他们在村委办公楼旁边的米粉店草草吃一碗米粉，算是吃过中饭了，又忙于报名工作。再忙，也不能乱。张寿双给自己打气。这位37岁的苗族汉子，黢黑的脸上始终保持着笑容，他知道全村的老百姓都在盯着他。"作为村党支部书记，自己千万不能乱了阵脚。"张寿双在主题党日活动上，对村里的四十多名共产党员提出要求：在各种活动当中，

火爆"出圈"

党支部的战斗堡垒作用一定要发挥好，村里的共产党员一定要亮出身份，主动作为。

"六月六"吃新节前来报名的球队让他应接不暇，他想不到会有这么多球队前来参赛，远远超过往年。当张寿双正在整理报名材料时，一名满头大汗的中年男子冲进村委会办公室。这个中年男子差不多是喘着粗气才把话说完。

"多加一个名额吧？"

"不行哈，报名时间截止了。"

"前几天村里忙着抗旱抽水去了，好不容易组织了球队来参赛。"

"那你们为什么要迟到呢？"

报不上名的中年男子一脸委屈，还在向张寿双发牢骚。张寿双告诉还在向他央求的中年男子说："有规矩，才成方圆。任何事情都得讲究个规矩，定好了报名截止时间，超过一分钟都不行，这样才体现公平公正。""明年'六月六'吃新节别迟到了。"台盘村村委会主任、篮球协会会长岑江龙笑着告诉他。

"好吧！今年参加不了，我们做热心观众，好好学习其他球队的经验，当好啦啦队。明年一定早点来参加。"

报名完毕，一共有198支篮球队报名参赛。张寿双笑着对其他同志说："这下子热闹了，一下子涌进这么多球队。"

"想不到今年这么积极。"

"我们得好好组织，别冷落大老远前来比赛的球队。"

看着同志们有条不紊地开展各项工作，张寿双的焦虑得到了暂时的缓解。

"今天晚上，我请大家喝酒。"

"村BA":观察中国式现代化的一个窗口
——台盘村乡村振兴故事

"我抓一只土鸡来,山坡上散养的。"

"我斗(凑)一桶米酒。"

"提前预祝篮球赛圆满成功,该喝!"

那段时间,大家都忙得不可开交。村"两委"的同志对张寿双的聚餐提议积极响应,大家纷纷从家里筹酒、筹菜。那一晚,他们就着土鸡、野菜,喝着醇香的米酒,还在继续讨论篮球赛的各项细节。大家都有信心把篮球赛办好。

作为篮球赛的主办方,村"两委"的同志要将各项工作安排妥当,的确是有难度的。前来报名参加比赛的球队数量超过了2021年,让张寿双深感意外。看着那么多前来报名的队伍,张寿双还有点紧张,毕竟村里的接待能力有限,近两百支篮球队伍和周边村寨涌来的观众,食宿都是亟待解决的问题。如此规模的赛事对张寿双和台盘村都是一个极大的考验。

"能不能减少参赛球队?"驻村第一书记张德试探着问张寿双,他知道张寿双内心一定很矛盾,但考虑到大局,还是得提醒一下。虽然曾一度想压减报名球队的数量,但看到乡亲们在特殊背景下依然对篮球保持旺盛的热情,张寿双豁出去了,下定决心和同志们一起做好组织篮球比赛的相关工作。

办法总比困难多。很快,吃住问题有了妥善的解决方案。热情、淳朴、好客的台盘村人民敞开了大门,热情接待前来参赛、观赛的球队和球迷。酒店住不下的,找到亲戚朋友家借住。伙食安排没着落的,随便走进哪家都有吃的。在台盘村,你无论走到哪家门口,主人家都会热情地招呼你,邀请你去家里一起吃饭。这让人们切身体会到了台盘村村民的热情好客与勤劳善良,也更提升了"村BA"的人气。

台盘村"六月六"吃新节篮球赛如约而至。看着球场观众席上密密麻麻的人群,听着场内一浪高过一浪的欢呼声,张寿双感慨万千。现场几万双观

火爆"出圈"

"村BA"赛场上的精彩一刻（姚顺韦 摄）

众的眼睛和各种手机、相机的镜头一起牢牢瞄准球场，无人机在球场上空盘旋，其阵势不亚于国际顶级赛事。在各大直播网站上，以亿计量的观众守着屏幕，一起凝神屏气，期待着最精彩的篮球比赛。"六月六"吃新节篮球赛带来的快乐感染着每一个人，释放着人们的渴望和期待。这是最纯粹、最乡村的欢乐。

开打不到一个月时间，这个"村"味十足的篮球赛场制造了全网观看人数超10亿的"现象级"传播，扬名海内外。"村BA"成了2022年夏天最耀眼的贵州"热词"。有媒体这样称赞"村BA"：一场充满浓烈乡土气息的体育赛事，竟然演变成一场城市与乡村、国内与国外、脱贫攻坚与乡村振兴紧密衔接的盛宴。

"现场氛围真的太赞了！"时任外交部发言人在社交平台转发"村BA"相关视频并点赞。接到"村BA"邀请，中国篮球协会主席姚明表示，他很想去现场。但他同时也担心，"我不确定我能拿到票"。

"村BA"：观察中国式现代化的一个窗口
——台盘村乡村振兴故事

事实上，"村BA"拒绝资本介入，拒绝恶意炒作，永远不会卖门票。张寿双笑着说："姚明主席多虑了。如果他来到现场，和大家一样，可以直接入场看比赛。如果姚主席组队来参赛，我们一定会全力应战，绝不怯场。"言谈中，张寿双满脸自信。

这一赛事的火爆，刷新了很多人对贵州的印象，人们通过"村BA"重新认识了贵州这片土地，认识了台盘村。对台盘村的人来说，篮球赛火爆"出圈"，是一件天大的好事。但这件喜事降临得太突然了，让大家至今都还有

2023年3月25日，贵州省首届"美丽乡村"篮球联赛总决赛在台盘村举行（邰光政 摄）

些难以置信。"或许是那天早上听到了喜鹊在树上欢快地鸣叫，是这一只喜鹊带来了好运。"张寿双自言自语。

让大家更高兴的是，篮球赛开赛以来，整个台盘村洋溢着过年般的喜庆。"每天几万人欢聚在小小的台盘村，秩序井然，连纠纷都没有，更别说打架斗殴。"张寿双不无感慨地说道。

我在整理采访稿的时候，禁不住思绪联翩。一个村办的篮球赛为什么火热到如此程度？事实上，这场篮球比赛已经不仅是台盘村村民自娱以及现场观众和亿万网友为之呐喊、欢呼的篮球运动盛会，还是一种关于乡村体育、乡村文明、乡村振兴的强大力量。我在这里看到了温暖的图景，这温暖的图景也会感染其他人。

在一张常见的中国地图上，台盘村的面积小得可以忽略不计，但这种小却折射出了大历史背景下的某些偶然和必然。党的二十大报告提出要"全面推进乡村振兴"。乡村振兴，乡土文化不可或缺，文化是灵魂。乡土文化滋养下的台盘村"村BA"赛事呈现出了民间极大的体育热情和蒸蒸日上的生活图景。台盘村以独特的方式践行和推进着乡村振兴，"村BA"为乡村振兴赋能。

"村BA":观察中国式现代化的一个窗口
——台盘村乡村振兴故事

▶ 火爆"出圈",震撼全网的神变

> 党的二十大胜利召开,春天
> 生机蓬勃地向我们走来
> 欣欣向荣的中国
> 阳光是如此的灿烂
>
> ——题记

2022年,有两件大事让台盘村党支部书记张寿双热血沸腾。这一年,党的二十大胜利召开;这一年,台盘村因一场篮球比赛火爆"出圈"。现在回想起来,张寿双依然心潮澎湃。作为最基层的农村党支部书记,他深深知道要脚踏实地为老百姓把好事办实,把实事办好。他想把"村BA"推广得更远,让"村BA"成为践行党的二十大精神的重要抓手。

2022年7月12日这天,张寿双早早起床。他洗漱后来到村委会办公室,仰头看看门前高高耸立的旗杆,一面鲜艳的五星红旗猎猎作响。遇到重大事项,他总是喜欢仰头看看这面鲜艳的五星红旗。鲜艳的红色,让他浑身充满力量。从家到村委会办公室,走路五六分钟的样子。这条路他走了整整九年。入夏以来,这位壮实的苗族汉子像一只高速旋转的陀螺,停不下来。这一段时间,他好像没有坐下来好好休息片刻。他的内心充满了焦虑。这是担任台盘村党支部书记以来,他第一次出现这种焦虑,颇有些莫名其妙。这些年发生了太多的事

火爆"出圈"

2023年3月25日，贵州省首届"美丽乡村"篮球联赛总决赛在台盘村举行（邰光政 摄）

情，打赢脱贫攻坚战，实施乡村振兴战略，他走在路上细想过往，脑子里装满干不完的事情。

天还是万里无云，眺望远山近水，仿佛天地更加辽阔。树木和庄稼在烈日下显得有气无力。好长时间没有下雨了，天空像一口倒扣的热锅，一阵连一阵的闷热，他胸口时不时发紧。吃新节的篮球赛怎么办？张寿双表情有些复杂。他站在村委会办公楼前，望着眼前绵延不断的大山，顿感自己的渺小。对面山坡上有些杉树、灌木已经干枯，呈焦黄色。公路边的好几块稻田已经干裂，裂缝大得连手指都可以插进去了。此情此景，让他更加着急。

尽管村里已经组织村民抽水灌溉，但旱情还是没有得到很好的缓解。"村里的共产党员们组成突击队，把公路边那片良田保住。"张寿双已经安排村委会的其他同志重点盯抗旱保民生。2022年入夏以来，多数地区笼罩在极端酷热之下。这一波高温天气带来的持续旱情让他出现少有的焦虑。

"村BA": 观察中国式现代化的一个窗口
——台盘村乡村振兴故事

张寿双从家里走到篮球场,早已满身大汗,顾不上酷热,一边走一边思考吃新节的各项事务。"歉收已成定局,幸好村民饮水还能够保障。"被晒得黢黑的张寿双喃喃自语。作为村子里的主心骨,要保持积极乐观的心态,他总是让自己的脸上布满笑容,不想让其他人看见他的焦虑。吃新节的活动办得好与坏,与他这个党支部书记有很大关系,张寿双很清楚这一点。当年选他担任党支部书记的时候,老支书语重心长地说,"这个村子的凝聚力就靠你了"。面对老支书的重托和村民的期待,经过了这些年,这个苗族后生的额头上已略有皱纹。放到前几年,他没有这般压力。但现在,他生怕自己有一点点闪失,辜负了父老乡亲的期望。

知了在树上叫个不停,仿佛要把整个夏天再拉长些。村民大多待在家里吹电风扇,街道显得格外安静。张寿双在这种安静里,似乎看到隐藏在土地深处的力量,像一粒种子就要突出地表。

2023年3月25日,贵州省首届"美丽乡村"篮球联赛总决赛颁奖仪式(张奎 摄)

火爆"出圈"

从球场传来篮球的"咚——咚——"声不绝于耳。张寿双在脑海里快速闪过往年吃新节的场景，他梳理了过去成功的经验，暗下决心一定要办好这一届吃新节的活动。在筹备活动的过程中，张寿双对村干部说了句掏心窝的话："只要村'两委'的同志不慌，整个村子都是稳稳当当的。"张寿双看着村民期待的眼神，更坚定了把吃新节办好、办出色的想法。

赛事开打，台盘村沸腾了。十里八乡的乡亲蜂拥而至，球场里三层外三层挤满了观众，不少人自备马扎、板凳，更有的人搬出人字梯，甚至爬到树上。为了守住难得的观众席，有的人自备午餐，苗族妇女们则一边看球赛一边绣花。

盛夏的酷热，并没有影响激情高涨的篮球队员和人头攒动的观众。张寿双说到那些球迷，忍不住开心地笑了，想不到会如此的热闹。"呜——呜——"的声音从早上持续到深夜，两万多人的欢呼声响彻台盘村上空。这一场篮球赛事像往常一样，在2022年夏天开打，却让台盘村在极短的时间内借由网络迅速进入公众视野。台盘村竟然在一夜之间，火了。"现场太'嗨'了！"网友亲切地把这场乡村篮球赛称为"村BA"，将其与美国职业篮球联赛（NBA）、中国职业篮球联赛（CBA）类比，虽然"村BA"没有那么专业，对抗也没那么激烈，甚至队员都是从村里临时组合而来，地地道道的"草台班子"，但是这些因素并不妨碍其火爆"出圈"。

2022年吃新节的篮球赛，按照常规进行，但这一次对台盘村来说却与众不同了，这一场篮球赛彻底刷爆了网络，拉近了台盘村与世界的距离。篮球赛视频在互联网上引爆流量的第三天，大批媒体和外地游客蜂拥而至，在流量的簇拥下，"村BA"相关字眼频繁出现在全国乃至世界网友的视野中。

让我们铭记2022年7月20日这一天吧！这一天是台盘村"六月六"吃新节的篮球赛决赛，这一天影响了这个苗寨的未来，这一天意义非凡。"村

"村BA": 观察中国式现代化的一个窗口
——台盘村乡村振兴故事

甘肃省临夏回族自治州代表队与贵州省黔东南苗族侗族自治州代表队友谊赛现场（龙军 摄）

BA"火爆"出圈"，让世界看见了台盘村，看见了台盘村的篮球赛。这一天书写了中国乡村体育崭新的一页，这一天值得被载入乡村体育发展的历史。

2022年7月30日至8月2日，贵州省首届"美丽乡村"篮球联赛黔东南赛区半决赛在台盘村开赛，来自黔东南苗族侗族自治州16个县市代表队在"村BA"球场角逐，黎平县代表队以102:85的比分击败凯里市代表队，夺得冠军。

2022年8月9日，"村BA"又迎来新赛事——佛黔协作篮球交流赛在台盘村球场成功举办，现场再次火爆。这无疑是给已经火了的台盘村再添一把火。

时间在缓慢地前行，历史却记住了曾经发生在这里的激动人心的故事。2022年那个夏天之后，喧闹的台盘村再也没有安静过，世界各地的游客前来"打卡"。他们进入台盘村，感受"村BA"的魅力，达成心中的愿望。

时间一晃到了2023年3月25日，贵州省"美丽乡村"篮球联赛总决赛将在"村BA""出圈"地——台盘村隆重举行。官方信息一经发出，台盘村的7家

火爆"出圈"

宾馆就全部被预订完毕。比赛还没开始，远道而来的游客和球队在台盘村就已经开始为这一场总决赛先行预热了。通往台盘村的公路已经严重堵车，交警赶到现场维持秩序。到处人头攒动，整个台盘村充满"村BA"的气氛。

这项五级联动的全省群众性体育赛事，通过乡镇赛、县区赛、市（州）半决赛、省级常规赛和总决赛的形式进行。赛事覆盖贵州省9个市（州）、88个县市。据官方报道，本次贵州省"美丽乡村"篮球联赛共组织民间篮球队2624支，共开展5457场比赛，覆盖446.75万群众。可谓参与范围广、人数多。

2023年3月25日，在台盘村，能容纳2万人的篮球场早已是人山人海。那几天天气不太好，许多观众自备了雨衣、雨伞，早早前来占了位置。新修建在村委会办公楼旁边的"村BA"记者之家里，100多家媒体挤在一起向全球发稿，再一次将"村BA"的魅力展现在世人面前。"呜——呜——"现场欢声雷动。

台盘村2023年"六月六"吃新节篮球赛精彩一幕（蔡兴文　摄）

"村BA"：观察中国式现代化的一个窗口
——台盘村乡村振兴故事

总决赛开打前，主持人把球场变成了大型"苗迪"舞台，富有苗族民族风情的舞蹈和苗族飞歌，已经把气氛点燃。"村BA"现场，民族文化元素是亮点。村民吃着火锅看球、喝着米酒助兴，啦啦队身着民族服饰，"篮球氛围组"跳的是各民族的舞蹈、唱的是各民族的歌曲。两万多观众沉浸在欢乐的气氛中。

在人们的期待中，黔东南苗族侗族自治州代表队以68：65的比分击败遵义市代表队，获得贵州省首届"美丽乡村"篮球联赛总决赛冠军。颁发的奖品让现场观众再一次掌声雷动。冠军队每人获得一套精美的苗族银饰和香米，亚军队每人获得一个独木龙舟模型和一条鲟鱼，季军队每人获得了一块苗族绣片和一只麻鸭。篮球比赛"土"得有味，连奖品都是自产自销的土特产。原来，快乐是如此简单、如此接地气、如此直抵灵魂。

2023年6月20日，全国和美乡村篮球大赛（村BA）在台盘村揭幕，贵州省黔东南苗族侗族州代表队和甘肃省临夏回族自治州代表队进行了一场友谊

"村BA"赛事，上演精彩瞬间（曾皓飞 摄）

赛，最终比分为73∶66。在篮球场上，数百面红旗迎风飘扬，球员和观众唱起了《我和我的祖国》，点燃了爱国热情。

时间来到2023年7月，"村BA"火爆"出圈"已经一周年。7月15日至30日，台盘村"六月六"吃新节篮球赛照常开打。7月30日决赛那天，台盘村篮球赛现场火爆如初，凯里市凯棠队力战群雄，获得村村组冠军；供销社队获得公开组冠军。2023年8月17日至20日，全国和美乡村篮球大赛（村BA）的西南赛区半决赛、西南赛区总决赛在台盘村举行，贵州黎平尚重镇队以65∶49的比分击败重庆长沙镇队，获得西南赛区冠军。

精彩不断上演……

从航拍的图片看去，绵延而去的苗岭山脉宛若巨龙在野。如今，台盘村村容整洁、村貌美丽、村风和睦、经济发展。这是台盘村响应民声、顺应民意、汇聚民智的可喜成果。这是新时代农村应有的场景。每每看到这样欢腾的场景，我都会心潮澎湃。

在台盘村"村BA"篮球赛现场，大家合唱《我和我的祖国》（蔡兴文 摄）

"村BA": 观察中国式现代化的一个窗口
——台盘村乡村振兴故事

文章合为时而著，歌诗合为事而作。从现场采访归来的那一夜，我失眠了。我翻开厚厚的采访稿，面对密密麻麻的文字，那些朴素的文字就像村民们无数张欢腾的笑脸，我再一次流下激动的泪水，写下《蝶变的春天》：

在蝶变的春天，我写下

无数个动人的故事

振兴路上，我们奔忙在旷野

篮球场上演精彩的角逐

我们在继续抒写春天之后的春天

为了祖国更加荣光

为了党徽更加闪耀

在祖国僻静的一隅，在祖国的南方

打赢脱贫攻坚战后的村庄

已是焕然一新

村民走在乡村振兴的路上

笑脸就是小小的太阳

无数的旗帜在漫卷

长征路上再现欢歌

在十四亿多人口的泱泱大国

来自十四亿多分之一的感动

在台盘，我与一个石榴对视

五指成拳。石榴压低枝头

饱满的籽粒抱成团

火爆"出圈"

一粒粒，布满祖国大地

春播一粒种，秋收万担粮
一滴汗水可照见秋天
阳光普照，照亮我的思想
我在祖国壮阔的大地上
写下：人间正道是沧桑

欢快的"苗迪"跳起来，嘹亮的苗族飞歌唱起来，动人的反排木鼓舞敲起来，激越的芦笙曲吹起来，多姿多彩的芦笙舞跳起来……打赢脱贫攻坚战后的台盘村，展现出全新的生活色彩，这个曾经的深度贫困村现在正以生动的表情打动着我。这生动的表情，也一定会打动你。中国大多数乡村的早晨是在鸡鸣中醒来的，而台盘村醒来的方式除了鸡鸣之外，还多了篮球拍打地面"咚——咚——"的声音。这声音像敲响的太阳鼓声，恍若万马奔腾……在炊烟袅袅中，台盘村的早晨注定多了一些不一样。

多姿多彩的芦笙舞（曾皎飞　摄）

▶ 欢乐"苗迪":我的主场我做主

> 以民歌的方式进入黔东南,抵达内心
>
> 藏在一脉树叶的侗族大歌、苗族飞歌
>
> 存在了几千年。我体内的温度
>
> 一点一点热起来。民谣是我写诗的力量
>
> 可是,一缕炊烟就潮湿了我的眼睛
>
> 竟然在歌舞的海洋,迷失了自己
>
> 我多想成为梦中,那些闪亮的诗行
>
> ——题记

在"村BA"现场,你一定会被"最炫民族风"所震撼。"年年'六月六',苗家的'六月六',请到苗寨走一走,万花开放满枝头,苗家风情醉心头,哎高山青,哎溪水流……"中场的啦啦队跳"苗迪",与观众汇成了欢乐的海洋。面对一场纯粹的篮球赛加上一场视觉冲击力极强的民族歌舞,网友直呼:"太'嗨'了!"

2023年3月25日,贵州省首届"美丽乡村"篮球联赛总决赛在台盘村打响。三天的比赛吸引了央视新闻、人民网、新华社等国内数十家主流媒体的关注并得到无数好评。其中,那些让亿万网友和现场观众记忆深刻的片段,中场"苗迪"可以算一个。

火爆"出圈"

中场休息时，人们在篮球场上跳起欢快的"苗迪"。听，银饰脆响的声音不绝于耳，仿佛从历史的深处、从遥远的地方如丝如缕地传来。闭上眼睛，聆听这来自远古叮叮当当的声音。看，缀满银饰一路舞蹈的少女和吹奏芦笙一路歌唱的少男，翩翩向我们走来。

借助火爆的"村BA"，贵州多彩的民族文化再一次得到推广。2022年"六月六"吃新节篮球赛前，台盘村的苗族妇女们也没有片刻歇着，她们早早安顿好孩子，统筹好农活后组织排练、挑选节目，精心准备了一场别开生面的"六月六"吃新节文艺会演。在短短5天时间内，100余个歌舞节目轮番上演，尽情展现苗族妇女的美丽和魅力，幸福的笑容写在脸上，为盛大的篮球赛狂欢预热。

每一场赛事开打，苗族妇女们都会主动走到观众面前，用动人的歌舞为比赛加油助威。在比赛间隙，"村BA"啦啦队出现在球场，她们跳起民族舞蹈，用"苗迪"的方式"醉倒"线上线下的观众。2023年6月20日，在全国和

身着苗族盛装舞蹈的少女（蔡兴文　摄）

"村BA"：观察中国式现代化的一个窗口
——台盘村乡村振兴故事

在"村BA"赛场上表演的大型"苗迪"（邰光政 摄）

美乡村篮球大赛（村BA）的揭幕式上，她们更展现出别样的风采。在家里，她们是操持家务的一把好手；赛场上，她们既是歌舞活动的主角，又是最热情的啦啦队。

台盘村总结前几场大型赛事的经验，对揭幕式进行了精心的策划和周到的安排。比如赛前，现场工作人员给观众免费送草帽、扇子、解暑的零食，啦啦队会穿着苗族服饰走上看台送粽子、"姊妹饭"。赛前还增加了趣味投篮、"三对三"篮球对抗赛等乡村篮球嘉年华活动，穿插鼓乐演奏，演唱台盘村"村BA"主题曲《奔跑吧，我和我的村》，表演大型歌舞《侗族大歌》《反排木鼓舞》等。比赛中场演唱《高山流水敬酒歌》，表演大型歌舞《相聚"村BA"》《"苗迪"》。

> 长长的思念捻成线
> 绣出最美的春天

火爆"出圈"

> 我已等待了许多年
>
> 等你来到我身边
>
> ……
>
> 我跨越山海
>
> 来和你相见
>
> 青山不会老
>
> 情意永不变

苗族歌手蝶当久出生于台江县,他在活动现场高歌一曲《跨越山海来相见》,更是点燃了观众的激情,让线上线下数百万观众领略了"最炫民族风"的独特魅力。再一次震撼、再一次燃爆,无数网友在各大平台留言祝福"村BA"。"村BA"赛事远远超出了篮球赛本身,简直就是一场民族风情和乡村篮球赛交替呈现的大型歌舞盛会。

精彩的歌舞表演吸引了众人的目光(曾皎飞 摄)

"村BA": 观察中国式现代化的一个窗口
——台盘村乡村振兴故事

篮球赛前，村民为观众送上西瓜（蔡兴文 摄）

"观众看的不只是篮球，还有在新时代背景下，农村文化兴盛、乡村振兴的生动展现。"驻村第一书记张德说。在"村BA"球场上我们可以看到各民族同胞大联欢大团结的欢乐场景。这为新时代民族团结进步教育提供了新的实践样本。

火爆的"村BA"正如一个成熟的石榴，鲜红的石榴籽像各民族紧紧抱在一起，凝心聚力。"台盘村的篮球打开了一扇观察的窗口，民族文化与现代体育运动交融，'村BA'得到各民族同胞持续关注，热度走高。"台盘村村委会主任、篮球协会会长岑江龙指着村委会办公楼前硕大的标语对我说。阳光下，这一幅"各民族像石榴籽一样紧紧抱在一起"的标语格外耀眼。线上线下、场内场外的球员和观众的热烈欢呼，绚丽多彩的民族歌舞表演，接地气的牛、羊、猪、鸡、鸭等奖品，颠覆传统的篮球赛事，共同演绎了一场全民参与、全民狂欢的球赛。现代体育运动和民族传统文化相互嵌入的新形态，为"村BA"持续火爆提供了更多的可能性。是体育运动在传统民族文化展演中找到了新的传播点，还是传统文化的传播需要像体育运动那样去拼去搏才找到引爆点？我不得而知，但在地图上芝麻大小的台盘村却实实在在搭建了各民族同胞进行深度交往交流交融的平台。

为什么"苗迪"能够让线上线下的观众一片欢呼？这与这块土地上蕴含的民族文化有着密切的关系。台江县有"歌的海洋、舞的世界"之称，台江苗族人民能歌善舞由来已久。在大迁徙过程中，苗族同胞创造了属于自己民

火爆"出圈"

族的歌舞。台江县的苗族音乐有独唱、对唱、合唱、说唱等形式。古歌质朴庄重，飞歌豪迈奔放，情歌缠绵动听。台江苗族舞蹈迷人，让人浮想联翩。伴奏乐器以芦笙、木鼓或者铜鼓为主。在各种舞蹈形式中，反排木鼓舞是最出名的一种，入选第一批国家级非物质文化遗产代表性项目名录。

根据台江县非物质文化遗产保护中心提供的数据，截至2024年4月，台江县有国家级非物质文化遗产代表性项目14项，省级非物质文化遗产代表性项目10项，州级非物质文化遗产代表性项目10项和县级非物质文化遗产代表性项目185项。这些非物质文化遗产是我们的宝贝，我们把这些宝贝和篮球赛结合起来，展示篮球赛的同时也展现了苗族飞歌、多声部情歌、反排木鼓舞等非物质文化，让观众现场体验篮球精神的同时，享受到原汁原味的民族文化盛宴。在这些感情丰富的歌舞里，我们看到了民族文化的活态展陈，看到了人民蒸蒸日上的幸福生活。"村BA"像一个在贵州深山间横空出世的

"村BA"球场上的趣味篮球活动（龙军 摄）

巨大磁场。如今，贵州正在奋力打造世界级旅游目的地。对于台盘村而言，这不仅是一场场篮球赛，更是文旅融合的精彩呈现。这正是我们寻找的人间烟火。

历史上，苗族有自己的语言而没有文字，他们的历史叙事和文化传承都是用歌谣口口相传或是以服饰刺绣记载等方法来进行的。蝴蝶纹样是苗族最主要的纹饰之一。"蝴蝶妈妈"出自黔东南苗族神话传说《苗族古歌》，是苗族同胞的始祖和守护神。蝴蝶的形象被绣在苗家姑娘出嫁的盛装上，寓意安康和幸福。苗族女性常常把蝴蝶绣在衣服上装扮自己，希望可以像蝴蝶一样舞动着双翅飞翔在大千世界里，渴望着自由美好的生活。在盛大的"苗迪"现场，随着鼓声、歌声翩翩起舞的裙袂，一派蓬勃生机的生活图景，仿佛千万只蝴蝶在飞舞，喻示着民族的兴旺发达。

"只有民族的，才是世界的。"鲁迅在《且介亭杂文集》里如是说。"村BA"火爆"出圈"正是由于其特殊的民族性。张德说："台江县因苗族人口集中和丰富多彩的苗族文化，使其'天下苗族第一县'的称号享誉四方，正是这块热土培育了我们苗族同胞的粗犷、豪爽的性格。"这种粗犷、豪爽的性格遇到充满"野味"的体育运动，格局得以打开，为乡村振兴拓宽了新思路。

火爆"出圈"

▶功到自然成:"村BA""出圈"非偶然

> 以一臂之力,让一场赛事
> 最先火爆全网,天下皆知
> 让世人惊艳不已
> 我在纸上写下
> 莫愁前路无知己
> 天下谁人不识君
>
> ——题记

今天回过头去看"村BA"走过的历史,有一位摄影师的名字不能被忘记,他就是姚顺韦。

为了采访他,我特意找到熟人要到他的电话和微信。或许因为我们都姓姚,他很乐意接受我的采访。说起"村BA"意外走红网络,他一个劲地感叹:"我去了黔东南之后,感觉和其他地方不一样。民俗风情浓郁,当地老百姓热情好客。"他回忆在黔东南拍摄的很多"大片",被当地的民风民俗所吸引,拍摄的片子非常出彩。作为一名职业摄影师,他告诉我自己入行已有九年时间。他的人生经历很简单,从小学到高中,一直生活在贵州省黔南布依族苗族自治州惠水县,直到2012年考上北方民族大学学习摄影,才离开这块土地。2016年,他大学毕业后回到贵阳,在一家传媒公司工作。后来,

"村BA": 观察中国式现代化的一个窗口
——台盘村乡村振兴故事

他又辗转到长沙和厦门。2019年，他再次回到贵阳。回到贵阳的姚顺韦与几个朋友一起开了间摄影工作室。大学毕业后，他的很多同学都放弃了专业，他是为数不多靠专业吃饭的人。

一路学习一路探索，他对摄影有着自己独到的见解——用摄影说出照片背后的故事，让饱含人间烟火味的故事打动观众。

对摄影的感悟，姚顺韦说出了"一二三"。一是内容要真实，二是构图需简洁，三是作品要有自己想表达的思想。"摄影是件挺辛苦的活。"这

工作中的姚顺韦（姚顺韦 提供）

是姚顺韦九年从业经历的总结。他的拍摄偏向纪实，讲故事，传递正能量。他希望将自己所领略的贵州风光、风情、风物分享出去，让更多的人关注贵州，了解贵州。他坚信自己能把贵州优秀的传统文化通过自己的拍摄作品宣传出去。

把兴趣变成职业是一件幸福的事情，这一点姚顺韦做到了。特意去拍摄一场篮球赛事，这是他这些年来从来没有想过的。

2022年7月，台江苗族同胞迎来了一年一度的"六月六"吃新节。一天晚上，姚顺韦无意间在抖音上刷到台盘村"六月六"吃新节期间的篮球比赛直播，这让从小就喜欢打篮球的他大开眼界。篮球还能这样打？怎么大半夜了还在打篮球？这些人怎么不睡觉？这让他激动不已。出于好奇，一连好几天他都在关注球赛。终于在总决赛那天，他一路驱车来到了台盘村球赛现场。

火爆"出圈"

2022年7月20日一早，姚顺韦吃过早餐便驱车从贵阳出发，不到两个小时，在凯里东出口下了高速，顺着导航很快就到了台盘村。他发现台盘村到处都停满了车辆，只好把自己的车停在320国道边，一个人步行进村。一路上异常热闹，洋溢着节日的欢乐气氛，妇女们头上戴着花，年轻的苗族姑娘佩戴银饰，发出银饰脆响……

小小的台盘村吸引了无数外地游客。身着盛装的苗族妇女和吹着芦笙的苗族男子让姚顺韦感到惊讶。他赶紧取出相机，不停按下快门。他跟着队伍来到篮球场，此刻篮球场的看台上已经是人山人海。

他好不容易挤进球场，热心的观众见他扛着摄影器材，特意给他留了一个位置。他放眼整个看台，人头攒动，场外支起了好几架人字梯，不远处的树上也有观众。他为这盛大的场景感到震撼不已。

决赛从20日下午2点一直持续到21日凌晨5点。台盘村篮球场上灯火通明、人声鼎沸，巨大的"呜——呜——"声推动着每一次高潮迭起。尽管是凌晨，看台上还是那么多观众。这就是黔东南著名的"天亮文化"——唱歌跳舞到天亮，斗牛到天亮，篮球比赛到天亮。姚顺韦谈到"天亮文化"会心一笑，他告诉我，只有到现场才能感受到那种氛围。

2022年7月21日，他带着在台盘村拍下的素材，顾不上休息，一路狂奔回到贵阳，连夜剪辑台盘村篮球赛的视频并推送到自己的抖音账号上。这段视频被外交部发言人在社交媒体上转发点赞后，相关的舆情以迅雷不及掩耳的速度在互联网上发酵、升温。半小时后，姚顺韦就接到了媒体的采访电话。这传播速度快得让他吃惊。随着网友们开始广泛地关注、讨论，新华社、人民日报等官方媒体蜂拥而至，快手、抖音等平台上的各类自媒体信息铺天盖地，让无数人了解了台盘村。网友亲切地称台盘村的篮球赛为"村BA"，成功推动"村BA"打破圈层而爆火。至此，一场最"野"的篮球赛

"村BA":观察中国式现代化的一个窗口
——台盘村乡村振兴故事

征服了全网。

他通过自己的镜头把台盘村篮球赛宣传出去了,如此热烈的氛围,或许代表着篮球这项现代体育运动与大山里的古老民族文化正在碰撞出绚丽火花。是的,这朵绚丽的火花已经在乡村振兴路上绽放。

我问姚顺韦球赛视频受到广泛关注的感受,他表现得很平静。他坦言:"我注定与台盘村有缘。在这之前,我对台盘村一无所知,甚至对台江县也了解不深。就在这样的情况下,作为第一个用专业的拍摄手法、专业的拍摄设备记录台盘村篮球赛,让全国甚至世界了解这个文化底蕴深厚的地方的摄影师,我感到荣幸和自豪。"

在这一赛事升温发酵的背后,我们看到了新闻"1+1>2"的矩阵传播,以及在"村BA"火爆"出圈"背后更多的媒体力量。贵州日报记者曹雯在对"村BA"相关情况进行报道时写道:如风吹麦浪一般在半年里一浪接着一浪,使得"村BA"成为2022年的年度"现象级"传播。台盘村篮球赛有着长期的文化底蕴和群众基础,加上网络时代下的各类媒体力量的助推,最终实现了"出圈"。

"村BA"火爆了以后,姚顺韦出名了,身为一名90后的他保持着难得的清醒。"村BA"火爆了以后,对他有什么影响呢?姚顺韦坦言:"生活还是老样子,但坚信作为普通人,凡事只要坚持就一定会有更多的可能性。改变还是有的,比如被更多的人和媒体知道,结交了更多的朋友。"

在工作中,他的业务量

不少人拿起手机直播台盘村的篮球赛(曾皎飞 摄)

火爆"出圈"

有了一定的增加。

"台盘村的篮球之所以火爆，缘于村民几十年对篮球的坚持和热爱。"他说，三代人，八十多年，"村BA"这份荣誉属于台盘村的村民。"我的视频只是一个'导火索'，引爆全网的除了国家级、省级的媒体，数以万计的自媒体功不可没。"姚顺韦说，今天这个时代人人都是自媒体，人人都是记者。在比赛现场，畅通的网络使新媒体传播更迅捷，不少年轻人拿起手机，通过直播向外界展示台

球员的突破上篮（曾皓飞 摄）

盘村篮球赛的魅力，让"村BA"篮球赛连续多天成为各大平台热搜的内容，引来无数权威媒体关注。这是"村BA"能够"出圈"的一大因素。这恰恰印证了乡村发展在新时代所呈现出的新特点：数据成为新农资，手机成为新农具，直播成为新农活，新媒体赋能乡村振兴。除了这些因素，还有球赛全民参与，更接地气；不收门票，全民娱乐、全民健康体现体育运动的纯粹；脱贫攻坚战后，交通便利带来更多的外地游客；通过"村BA"赛事全面带动民族文化的传承和发展……

在这样的大环境之下，"村BA"不火爆都不行。姚顺韦笑着说，人们通

过抖音等平台了解"村BA",从而在"村BA"燃爆的热情里找到乡村振兴的精神力量。

"陈酿时光,积淀世间美好。"这是一名摄影师的情怀。在姚顺韦看来,能够在个人兴趣爱好和职业事业上实现双赢,是一件再美好不过的事情。他对个人兴趣爱好和职业事业之间的关系有着独到的看法:爱好和职业事业并不冲突,如果对自己的爱好一直保持热爱和认真,并为之努力,总会在某一方面对自己的事业有所帮助,甚至爱好会成为你成功的事业;面对事业,如果把它当爱好一样对待,你就会有足够的激情、足够的热情去把它做好。

篮球运动在台盘村有着深厚的群众基础,一大群人把篮球当成兴趣爱好,把篮球当成了事业,对篮球的热爱,深入骨髓。台盘村篮球赛"气氛组"组长、球赛解说员王再贵工作之余的大部分时间都放在了对球赛的讲解上,同时,他还在个人直播间为篮球赛事营造氛围、派发礼品……让不能到现场观看球赛的网友也能通过网络进一步了解台盘村,了解台盘村的篮球。

"村BA"的火爆,让台盘村走出了一条"体育+旅游"的特色发展之路。

火爆"出圈"

▶ 绝无仅有："村BA"唯一的姓氏

>世界那么大，唯独是你
>
>让我魂牵梦萦
>
>坚守天底下唯一的字：村
>
>你不变的姓氏
>
>你的唯一，是一首动人的诗
>
>藏着我的初心
>
>——题记

　　晨曦初露，台盘村在鸡鸣中醒来。走在通往篮球场的马路上，让人感受到一个清新而令人愉悦的早晨又来到了人间。台盘村的夏天不像城里那么热。树枝上有知了清脆的鸣叫声传来，球场外有苗族老人养的画眉叫得正欢，这些天籁伴随着篮球场里的"咚——咚——"声。在炊烟袅袅之间，在鸡鸣犬吠之间，一曲别样的乡村田园牧歌被奏响。这是台盘村的日常。但这样的早晨，与其他村寨的相比，有着太多的不一样。

　　没有球赛的台盘村显得格外的宁静。

　　2022年夏天台盘村篮球赛火爆"出圈"后，这个中英结合，裹挟着乡土和洋气的"村BA"，已经成为台盘村一张烫金的名片，也似乎成了所有乡村篮球赛统一的称呼。台盘村的村民们把"村BA"称为"乡球"，这样叫起来像

"村BA"：观察中国式现代化的一个窗口
——台盘村乡村振兴故事

观众聚集在赛场周围翘首以待这场精彩的赛事（曾皓飞 摄）

呼唤小孩的乳名，让人倍感亲切。"村BA"像入学时取的学名，有一种仪式感，特别正式。一时间，大家把学校篮球比赛称为"班BA""校BA"……尽管多了几分调侃，却意味深长。

现在，如果作为一名黔东南人，不能说出"村BA"的一些信息，自己都会觉得不好意思。"村BA"火爆之后，台盘村的村民们保持着清醒的头脑，没有被短期的商业利益所诱惑，他们变得小心翼翼，生怕这份纯粹在他们这代人的手上遭到破坏。张贴在台盘村村委会门口的《台盘村"村BA"修缮工作公告》，最后一条醒目地提示了严禁资本介入和恶意炒作。这无疑给"村BA"定下终身的规矩。台盘村村委会主任、篮球协会会长岑江龙告诉我，随着"村BA"影响力的进一步扩大，引起资本关注是难免的。经过多次讨论，村委会和篮球协会之间达成了共识，要把目光放长远，始终保持"村BA"联赛的纯粹性。

"'村BA'的火爆，的确带来无限的商机。刚开始时我们也想借势而上，让资本进入，让村子快速富裕起来。为这事，我们在球场上开了多次院坝会。"台盘村党支部书记张寿双说。

"我们不是做生意。"

"篮球场面向村民露天开放，不收门票，球场不出租。"

"坚决抵制商业化。"

"不能搞杀鸡取卵的行为，我们不搞短期效应，要看长远发展。"

"一定要守护好我们村的品牌。"

"尽快注册商标将'村BA'保护起来，更不能用'村BA'打广告。"

"不能为了蹭热度而损害了'村BA'的形象。"

"我们要保持台盘村篮球赛的纯粹，不管在火爆前还是火爆后，都要保持原来的纯粹。"

"不能把我们的篮球精神丢了。"

……

院坝会上，村民们你一言我一语，虽然说话声音很大，但道理都是对的。

台盘村的村干部和村民们为了守好"村"字品牌，达成了共识：不能打"村BA"的招牌做生意，比赛不允许收门票，参赛球员必须是农村户口……

在商业社会，守好这个"村"字品牌不变质、不变味，是一件非常难的事。张寿双说，三天两头就有老板上门洽谈合作。据驻村第一书记张德介绍，村子里还有两家餐厅的老板想冠名"村BA"，村委会一直拒绝。"村BA"火了以后，有一家体育器材店的老板打电话给张寿双表示要赞助两个篮球架，张寿双拒绝了。有一家饮料公司上门联系，愿意投入五十万元，其中，三十万元用于球赛冠名，二十万元直接给村集体。张德告诉我，那家饮料公司实力相当雄厚，后续还可以加大赞助力度。

"村BA": 观察中国式现代化的一个窗口
——台盘村乡村振兴故事

"合作谈成了没有？"我追问。"饮料公司找到了张寿双说明来意，然后直接被支书怼了回去。""商家财大气粗，说话有点冲，支书说他们掺和在篮球赛里肯定会搞臭'村BA'品牌。"张德有些激动地说。"是有一点可惜啊，村集体突然有二十万元，可以干好多事情，比如扩大球场。何乐不为呢？"我继续问。

"是的，村子里的确太需要钱，虽然脱贫了，但村里易返贫户还有，这些资金可以给他们解决很多实际困难，但我们坚决守住'村BA'的纯粹。""我们的初衷不是赚钱。"

张德告诉我，有商人找到村委会，想承包"村BA"举办权，卖门票、投放广告，被村委会拒绝。

"过度的商业化，肯定会有参赛队伍花钱请外援。赛场上的主角如果不是农民，就失去了'村BA'的初衷。"

"'村BA'落到商人手中，肯定会被注入很多商业元素，良好的'村BA'品牌就会毁于一旦。"

"不能封闭，不要场馆，就在太阳底下，谁都可以参与，谁都可以看，这样才有氛围。如果说哪一天要收门票了，会被村里的老人们骂得狗血淋头。"

张寿双告诉我，有一个斗牛场，原先不收门票还热热闹闹的，承包给个人经营后，斗牛场贴满了广告，还有赌博现象，味道全变了。斗牛场收门票后，老百姓再也不去凑热闹了。

"老百姓也不在乎那些门票钱，而是感觉失去了运动纯粹的味道。"张寿双指出商业运作存在的弊端。

"'村BA'最大的价值是它的纯粹。我们要把这种纯粹守护好。"

"村里老人早早占座看球的目的，是把自己村当成东道主，真正的主队,他们欢呼、加油、鼓劲,获得精神上的满足。"

"太现代了,不乡村!"张德说,为了保证地道的"村味",村委会决定,把原本插在赛场周围的彩旗也都去掉,只留下球场入口的几面彩旗。

"我们球场上连一条横幅都不允许悬挂。"张德说,有些商人趁打球赛期间悄悄混进球场去张贴广告,我们发现后及时撕掉。球场附近一家餐馆取名"村BA球迷食府"。招牌挂出去不久后,村委会派人去找经营户谈话,让他把"村BA"字样去掉。

面对外界关于"村BA"商业模式的种种谏言,台盘村篮球队队长、赛事组织者之一的李正恩一直摇头,用近乎执拗的语气斩钉截铁地"顶"了回去:"我们不搭雨棚,不收门票,不搞商业比赛!"

"'村'是'村BA'唯一的姓氏。'村BA'永远只能姓'村'。"

"严禁资本介入。"

苗族妇女穿着缀满银饰的盛装在跳团结舞(曾皓飞 摄)

"村BA"：观察中国式现代化的一个窗口
——台盘村乡村振兴故事

"严禁恶意炒作。"

……

"有钱可赚天经地义，但不能在球场内。"年轻一代的组织者思路更加开阔。村民杨雄说："村里开发民宿，规范摊位管理，我们在球场外来赚钱。"

"村BA"火爆之后，黔东南地区的"美丽乡村"篮球赛全部在台盘村举行。这些赛事主办方原打算把广告板放在球场边上，村里人坚决不同意。赞助企业、公司名称不允许出现在球场里已成为台盘村的共识。村委会小心呵护这块难得的招牌，极力避免给"村BA"带来负面影响。

"为什么选择在吃新节前后开展篮球赛？"张寿双说："吃新节前后，相对来说属于农闲时间段，大家有时间和精力来筹办比赛。如果选择在农忙时间打篮球比赛，会被人笑话不务正业。"如今，村民们的生活回到日常的

阳芳村现代农业观光园（曾皎飞 摄）

轨道，对于何时耕田，何时种地，他们心中自有一杆秤，但"村BA"曾经在他们心里点燃的火把一直在燃烧。大家都在精心呵护这充满希望的火种。

岑江龙告诉我，乡村篮球赛由村民自筹经费，没有资本、没有商业的干扰，完全是村民自发组织。大家沉浸其中，简单快乐。"我们作为组织者，需要更多这样老百姓喜闻乐见的赛事，让他们从中获得快乐和收益。打造好'村BA'，让这种对篮球运动纯粹的热爱传播得更远，带给更多人快乐。"

对台盘村的人而言，"村BA"只能姓"村"。这是唯一的姓，不能变味。守好"村"字，也就守住了这一张名片，守住了初心。

如何延续篮球比赛的热闹这是摆在岑江龙面前的一大问题。他认真地说："我们要打破'没有商业化，比赛做不大'的观念。我们需要一个良性的循环。不能搞一阵风，让篮球赛草草就结束了。"我提出建议："能否把'天下苗族第一县'台江丰富的民族文化资源与'村BA'结合起来，拓展一下篮球经济？"岑江龙告诉我："目前政府已经将'以赛促旅、以赛扶产'提上了重要议事日程。好多村里的年轻人选择留下来，准备在家门口大干一场。篮球主题餐厅、民宿、室内篮球馆、'村BA'商业街、稻田休闲区、健身步道、缆车乘降点等，都是很有发展潜力的项目。"对于台盘村的种种规划，他们都牢记："村"是"村BA"唯一的姓氏，严禁资本介入和恶意炒作的原则。"以台盘村为圆心，辐射周边苗族村寨，甚至黔东南，甚至贵州……"岑江龙向我述说美好的愿景。这是一名基层干部的"野心"。这"野心"是航灯，是方向。这个"野心"是要带领全村老百姓走向更加美好的振兴之路。

而如今，借势"村BA"火爆"出圈"，台盘村走上了更大的舞台。在2023年的台江姊妹节期间，台盘村的独特魅力又一次展现在世人面前，"网红篮球场"作为台盘村特色景点向游客推荐，与其他乡镇的民族文化、山水

"村BA"：观察中国式现代化的一个窗口
——台盘村乡村振兴故事

资源整合成旅游经典路线。来自文旅部门的数据显示，2022年台盘村篮球赛期间，村里接待游客40万人次，旅游综合收入2154万元。后来台盘村还举办多项篮球交流赛，村里的游客接待量达到了50万人次，村民的收入增加了。2023年3月，贵州省首届"美丽乡村"篮球联赛总决赛在台盘村举行。这给台盘村带来了巨大的发展机遇。据有关新闻报道：总决赛的3天时间设有移动摊位106个，固定摊位70余个。仅3月25日、26日两天时间，当地的旅游订单就比2022年同期增长143.4%，赛事前后3天总收入1100万元，接待旅客达到13万人次。这也成为贵州旅游业发展中的一抹亮色。贵州在"五一"国际劳动节假期酒店预订量同比涨了5倍之多。这就是良性循环。

周围的变化，在无形之中悄然进行。"改变最大的还是我们村民的精神面貌。台盘村的旅游资源较之台江县其他村寨是匮乏的，以前我们都是去别的地方旅游，现在我们这边也能吸引大量游客，村民的主动性就被激发起来了。"张德说出这些话，打从心底有自信。张德还说："现在村民收益得到增加，更愿意支持和参加篮球赛。这就是我们需要的良性的循环。在这种运动与生活的相辅相成中，台盘村的篮球文化也得到传承和发扬。"

从台盘村采访回来，我写下：

——我的"村BA"，我的村。

——喜欢穿球衣，小孩子打起球来像模像样。

——戴着斗笠坐在看台上的慈祥老人，一坐就是一整天。

——穿拖鞋抱孩子的苗族妇女，换完尿布继续看球。

……

这些文字告诉我，今日的农村今非昔比，农民同样可以有别样的生活，农村也同样可以有别样的风采。

篮球运动在台江县是一种传统，更是一种精神传承。随着当地社会、经济的发展，老百姓的物质生活得到迅速提升，农村水电路网等基础设施得到改善，公共文化体育设施建设取得发展。人民群众的文化生活更加丰富多彩，乡村振兴的号角吹得更加嘹亮。在乡村振兴路上，台盘村的老百姓展现了永不言败、永不放弃、勇于拼搏的精神。在相互配合中，村"两委"的团队力量得到最大限度的发挥。

"永不言败、永不放弃、勇于拼搏，这是团结的台盘村人民创造的精神。"对于脱贫后的台盘村人民，要想在乡村振兴路上走得更稳健，这种精神不能丢。"村BA"在此背景之下焕发新的生机，虽是意料之外，却在情理之中。

在互联网的助推下，一个篮球在乡村引发了巨大的关注，"村BA"被赋予超乎寻常的意义。台盘村一下子火了起来。在张德看来，这是乡村走向繁荣的前兆。"村BA"不仅仅凝聚了人气，更是以一种朴素的方式践行篮球精神，践行党的二十大精神。

现在，台盘村绘制了美好的生活蓝图，发展势头也越来越强劲。篮球精神，是传统的延续，更是精神的传承。在"村BA"带来的简单快乐中，或许藏着篮球文化在民间落地生根的生存密码。篮球文化改变的乡村生活正在台盘村徐徐拉开帷幕。

▶ 体育狂欢，"天亮文化"新高度

你说，生命犹如一支蜡烛

点亮了，整个世界

就是春天了

耸立山间的电杆

就是站立起来的生命

一张庞大的电网

连接万千民心

电工

这个特殊的名词

闪烁着光芒

点亮万家灯火

传递人间温暖

——题记

在黔东南流传着这样一句话："会走路就会跳舞，会说话就会唱歌。"当地还有"跳舞唱歌到天亮""斗牛比赛到天亮"的说法。这说的就是他们引以为豪的"天亮文化"。而在2022年夏天台盘村"六月六"吃新节篮球赛

火爆"出圈"

以后，又多了一个"乡村篮球比赛到天亮"的说法。

把"天亮文化"发扬光大的是台盘村举办的篮球赛。2017年台盘村组织篮球赛，当天晚上7点球场突然停电了，供电局迅速组织人员进行抢修，直到晚上10点才恢复通电。在供电局抢修的三个多小时里，观众依然在看台上等待

对篮球的热爱，不分昼夜（曾皎飞 摄）

比赛恢复。有的观众好不容易才抢到的位置，生怕一离开座位，位置就被抢占。岑江龙颇有感触地说道："耗时最久的一场比赛，从头一天早上打到了第二天凌晨。近两百支球队参与的赛事，赛程密集。有的比赛我们不得不安排在晚上进行。因此，通宵进行篮球比赛是常有的事。"

电力作为生活中重要的能源之一，为"天亮文化"提供了保障。驻村第一书记张德说："因为2022年出现过因用电负荷过高而跳闸的情况，为了避免这种情况再次发生，我们采取了有力的应对措施。比如，为了保证赛事能够在晚上正常进行，供电局的工作人员在较短时间内完成了变压器扩容工作。"

2023年3月23日下午，在贵州省首届"美丽乡村"篮球联赛总决赛举办的前两天，台江供电局工作人员到现场了解到篮球赛赛程安排后，紧急组织人员全面梳理工作细节，细化完善保电方案和应急预案，及时调配一台大容

"村BA"：观察中国式现代化的一个窗口
——台盘村乡村振兴故事

量的变压器送达台盘村。

3月24日，台江供电局对安装新变压器的工作人员说："大家在保证安全的情况下，把速度提上来。"在准备工作完成后，距离19时30分的彩排时间仅剩五小时，时间相当紧张。观众有两万多人，如果停电看台上可能会发生骚动，出现踩踏的情况，后果不堪设想。凯里供电局负责人已经意识到这个问题，迅速安排工作人员对低压配网加强巡视，彻底消除隐患。

虽然天气还是寒冷，但是几名电工的额头却因忙碌渗出了汗珠。

在紧急吊装变压器的时候，一位梳着两根辫子的小姑娘端着热气腾腾的茶水走近安全围栏说："今天天气冷，叔叔们辛苦了，请喝点水吧。"不期而遇的温暖，让电工们打起十足的精神做好电力保障工作。

19时08分，已经在电杆上工作了四个小时的电工，完成拆除横担、导线，指挥起重机起吊新变压器等工作。

距离彩排开始还有二十来分钟。

……

灯被点亮的那一瞬间，现场一片喝彩声。

张德说："现在好多了，遇到大型比赛时，供电局会安排应急电源车给我们保电，对我们的电力设施逐一巡视检查，确保赛场和商户的安全用电。更换大容量变压器后，再也没有发生停电故障。"凯里供电局针对"村BA"的举办专门出台了保电方案，每一场比赛都会安排应急电源车进行保电，确保比赛和其他重大活动期间电网安全稳定地运行，确保相关场所和重要用户的电力供应，实现电力保障"零事故、零差错、零投诉"的目标。

2023年7月30日，台盘村"六月六"吃新节篮球赛总决赛现场，电力工人张军对着身旁的战友杨勇、潘礼财说道："以前我在部队上可是球场中的一员，远投三分球没问题……走，我们去看看现在的负荷……"

火爆"出圈"

张军、杨勇、潘礼财都是从部队退役后，安置到台江供电局工作的电力工人。说话干脆利落，做事雷厉风行，遇到急难险重任务冲锋在前，他们自带着军人高效的执行力。

"村BA"球场外，供电局员工现场值守（谢释予 摄）

早上6时，杨勇、潘礼财开始新一轮巡视。他们挨个仔细查看、测量低压配电箱、应急电源车接入口等，将检查情况一一记录在笔记本上。巡视—蹲守—巡视，杨勇和同事们一直坚守到了第二天凌晨，这种日子持续了15天。在保电区的值守工作，虽然单调、乏味，但责任重大。

自"村BA"球赛火爆以来，紧张有序的保电工作已经成了常态。杨勇的耳边总是响起供电所所长的话："从现在起，我们要互相配合，熟悉各自保电区域的线路和设备，做到万无一失。"这对杨勇来说，是一种使命与责任。

"我一定要站好'村BA'保电这班岗，不能辜负观众的热情。"夜色中，杨勇和同事背着电工包在"村BA"球场外巡视，球场上的一阵阵欢呼声、掌声同样也是送给他们的。他们日夜坚守自己的岗位，保障篮球赛的顺利进行。

我到台盘乡供电所采访时，所长吴渊豪笑着说压力很大。他告诉我一个细节，2023年台盘村"六月六"吃新节篮球比赛开幕那一晚，台盘3号变压器负荷突然变成了过载。过载的变压器能维持正常运行多长时间，谁心中都没底。张军和同事看到情况紧急，立马向周边用户说明情况，并告知他们不要同时使用大功率电器。供电所迅速决定给变压器增容，从联系物资到组织人员现场作

"村BA":观察中国式现代化的一个窗口
——台盘村乡村振兴故事

业,他们忙碌到了凌晨。进行变压器拆线、吊装作业,每一个环节都有条不紊。6个小时后,当地的用电情况恢复正常。

每周一的生产例会,凯里供电局都会对"村BA"赛事的保电工作进行调度,精准掌握电力负荷情况,以最快反应、最强组织、最实措施、最佳状态,全力护航"村BA",确保赛事用电正常有序运行。

鸟瞰苗乡侗寨,一座座铁塔巍然屹立,一根根电杆排列有序,一条条电线疏密有致。电,像萤火虫,把光明带到四面八方,点亮了苗乡侗寨。

>那些萤火虫,携带着灯盏
>
>一闪一闪,就可以
>
>照亮夜行人的路

回首往昔,感慨万千。很多坐落在大山深处的村寨,曾依靠刀耕火种的落后生产方式解决温饱,没有电,没有通信基站,也缺乏医疗设施。春节前回老家,在布满灰尘的仓库里,一盏小小的煤油灯引起了我长时间的凝视。这盏小煤油灯是用一个高潮牌墨水瓶子做成的,看上去朴素、简单。我拿在手上,抚摸了一遍又一遍,不忍心扔掉。这是一份珍藏在心中的记忆。

没电的日子真苦。在我的记忆里,五天一循环的农村集市是母亲必须去的。母亲会挑些山货去赶集。赶集的主要目的是把挂在扁担上的玻璃瓶子灌满煤油,然后走很远的山路回家。那时,虽然煤油贵,但母亲每次赶集必买。家里的生活虽然不宽裕,但母亲对我们在灯下做作业所耗费的煤油一点儿也不吝啬。

多年以后,当我能拿起手中的笔抒发自己的人生快意时,应当感谢母亲当年对我用煤油点灯来阅读的理解和支持。对那盏小煤油灯的情结,在我的心中烙上了印记。小煤油灯伴我度过了少年时期懵懂的青涩时光。看到它总能唤起我儿时的回忆,它是我的心爱之物。走上电力岗位后,每当劳作之

火爆"出圈"

深夜，观众看球赛的兴致丝毫未减（蔡兴文 摄）

余，我都倍感电的来之不易，看到小煤油灯后，我更加坚定了对电力事业的执着。

这些年来，我在苗岭深处、田间地头，目睹同事们的风采，感触颇深。因为有了国家的发展，有了电力人的奉献，才使苗乡侗寨的人们彻底告别了煤油灯。现在，看到万家灯火，看着人们在被照亮的夜空下快乐地生活，我总会想起儿时的小煤油灯。小煤油灯总能激发我写作的激情，从某种意义上来讲，它成为激励我不断奋进的一盏"心灯"。

我见到过老百姓杀猪宰羊、燃放鞭炮、吹奏芦笙、载歌载舞地庆祝通电的场景；见到过生活在苗岭深处的老人用电灯点不着旱烟后生气的样子。因为有了电力，人们获得了更先进的生产工具，更丰富的生产资料；也因为有了电，才能通过电视、广播、网络等渠道，把党的好政策、先进的生产技术和理念送到百姓身边。

电力对经济社会的发展不可或缺。经济要发展，电力须先行。电力产业

"村BA": 观察中国式现代化的一个窗口
——台盘村乡村振兴故事

电工在高空作业（段文景 摄）

是保障社会经济发展，提高人民生活水平的基础产业。电网是连接电厂与用户，优化配置能源资源的基础平台。黔东南苗族侗族自治州的年用电量从1949年的6万千瓦时，到2022年的107亿千瓦时，增长了约17.8万倍。经过几代电网建设者的艰苦奋斗，电网由小到大，由弱到强，发生了巨大的变化。

为点亮黔东南苗族侗族自治州3万多平方千米的土地，一代又一代电力人呕心沥血、砥砺前行。在"十三五"期间，凯里供电局为助力脱贫攻坚投入了40多亿元资金，用于加大电网建设投入，升级农村电网，确保自然村动力电实现"村村通"，户均配变容量基本达到2千伏安。以台盘村为例，台盘地区改造了10千伏线路13.2千米，新增两台变压器。2018年，电力部门组织力量对台盘地区的电力线路进行了大规模的改造，解决了由于用电负荷增大导致线路存在安全隐患的问题。未来，电力部门将多措并举，不断提升供电可靠性和供电水平，保障"村BA"等比赛和重大活动的用电稳定，积极助力乡村文化振兴。

▶ 赛事赋能,激活旅游的"一江春水"

"村BA"篮球赛事

在台盘释放着能量

一个篮球唤醒沉睡的梦

一群人,在篮球场上

放飞激情和梦想

带着火一样的炙热

在台盘沸腾,在台江沸腾,在贵州沸腾

在新时代广袤的中国农村大地沸腾

"村BA",激活旅游的"一江春水"

——题记

　　我从台江旅游部门了解到,台江县拥有多彩的民俗风情和厚重的民族文化。没有工业支撑的台江县打起了旅游牌,在官方门户网站和旅游宣传资料上不遗余力地推荐:台江有依山傍水的民居建筑、精美绝伦的苗族刺绣、巧夺天工的银饰盛装、惊险火爆的舞龙嘘花、热情奔放的芦笙舞蹈,有被誉为"古老东方情人节"的苗族姊妹节,还有拥有"东方迪斯科"美称的反排木鼓舞,方召多声部情歌等。但台江县较之镇远古城、雷山西江千户苗寨,还没有找到

"村BA"：观察中国式现代化的一个窗口
——台盘村乡村振兴故事

美食美酒待贵客（曾皎飞 摄）

一张足够闪亮的名片。在"村BA"火爆之前，台盘村是默默无闻的，与黔东南苗族侗族自治州大多数村庄有着相似之处。

台江县把旅游资源和"村BA"结合起来，打造精品旅游路线，"村BA"是"打卡"之地。从村口到达"网红篮球场"，是一条大约1000米的主街，临街已经修建起两三层的砖房，大多数砖房的一楼开设小商铺，经营五金、服装、美食、美发、杂货等，二、三楼有的自己居住，有的改造成民宿。当地每六天就会赶一次集。一到赶集时间，周边村寨的老百姓会挑来自家种的蔬菜水果和其他特产，热闹非凡。

从经济角度讲，位于大山深处的台盘村在发展上的确有不小的难度。但台盘村"村BA"火爆之后，为当地的乡村旅游带来新契机。台江县闪亮的旅游名片终于找到了。

台江县的旅游资源丰富，节日众多，有姊妹节、敬桥节、独木龙舟节、吃新节、苗年等。当地人笑着说："我们台江几乎天天在过节。"在台江县，最隆重的当数被誉为"古老东方情人节"的苗族姊妹节。姊妹节苗语称"浓嘎良"。2023年"五一"国际劳动节刚好与一年一度的苗族姊妹节相逢，其间，台江县开展了独具特色的民俗活动。比如，苗族青年女子着盛装邀约心上人一起"游方"、对歌、吃"姊妹饭"、捕鱼捞虾、跳芦笙木鼓舞等。苗族姊妹节于2006年被列入首批国家级非物质文化遗产代表性项目名录。

苗族姊妹节有着美丽的传说。我特意把这则传说摘抄下来与读者分享：很久很久以前，有两个姨妈的子女，男的叫金丹，女的叫阿姣，他俩从小青梅竹马，两小无猜。长大后，彼此产生了浓浓的爱意，金丹发誓一定要娶阿姣，阿姣也非金丹不嫁，但他们的感情遭到父母及族人的反对。阿姣的父母要让她嫁回舅家。阿姣不愿嫁回舅家，一定要嫁金丹；金丹也不愿娶别人，一直在等着阿姣。他们天天都躲着父母和寨老偷偷约会，每次，阿姣都用她装针线的竹篮偷偷地藏着饭，带去给金丹吃。年复一年，经历一番磨难和顽强不屈的抗争，他俩终于结成了夫妻。于是便有了"姊妹饭"的典故，苗语称带给心上人吃的食物为"藏饭"，汉语意译为"姊妹"。黔东南苗族侗族自治州的青年男女在"游方"中相知相识，交换信物。从姊妹节美丽的传说可以看到苗族同胞对美好爱情的向往，体现了苗族同胞忠贞的爱情观。

从1998年到2023年间，台江县苗族姊妹节已经连续举办25年了，隆重的活动反映了人类社会由母系氏族社会向父系氏族社会变迁过程中的生活景象。每年农历三月十五，台江县苗族姊妹节如期举行。铮亮的银饰在辽阔的蓝天之下，像荡漾着的水花。我曾把这宏大的场面比喻为银饰的"海洋"。在台江姊妹节期间，数千苗

热情的苗族少女用牛角给游客敬酒（曾皎飞 摄）

"村BA":观察中国式现代化的一个窗口
——台盘村乡村振兴故事

盛大的苗族姊妹节活动（曾皓飞 摄）

家女子身着盛装，缀满银饰，婀娜多姿，银饰随着她们的步伐一路脆响。

  银饰在苗族人民心中占据着重要地位，是苗族人的荣耀与骄傲。在人生的重要时刻，苗族同胞要佩戴或准备银饰。小孩出生，要备一套银饰品；姑娘出嫁，全身以华丽的银饰装扮；老人过世，入殓时也要配以银饰品。在黔东南苗族村寨里，苗族妇女有一两套价格不菲的银饰不足为奇。在重大的节日里，我们可以看到身着银饰盛装的少女，在阳光下翩翩起舞，展现出最美丽的一面。由此可见，苗族是一个非常注重仪式感的民族。苗族人民之所以如此地喜爱银饰，是因为银饰承载了苗族远古的历史记忆。苗族同胞身上的银饰，不仅是家庭财力的展现，更是历史推进和一路迁徙一路生产的重要记录。

  作为2023年贵州省首届"美丽乡村"篮球联赛冠军的奖品，一顶银帽登上热搜榜。这款饰有蝶、牛、鸟、鱼等图案纹样的苗族银帽，由"非遗"传承人吴水根手工制作，以镂、刻、锤、缠等传统技艺精打细磨，重1千克左右。

  1966年出生的台江县施洞镇吴家银匠第八代传人吴水根，8岁开始学习

火爆"出圈"

银饰制作。他制作银饰的技术十分精湛。作为贵州省劳动模范、党的十九大代表、国家级非物质文化遗产代表性项目（苗族银饰锻制技艺）代表性传承人，吴水根一直牢记习近平总书记语重心长的叮嘱，要把民族文化传承好，带领村民脱贫致富。在他和村民们的共同努力下，通过"师带徒"的形式，台江县施洞镇的银饰加工产业越来越红火，从事银饰加工的村民队伍也壮大到了300多人。施洞镇的银饰加工年产值也从20世纪90年代末的几万元，增长到现在的上千万元，平均每户年销售额达15万元。施洞镇的发展模式为共同富裕起到了重要的示范带动作用，让"一枝独秀"逐步成为"满园春色"。未来，期待一代又一代像吴水根这样的银匠，推动民族技艺的传承和发展，带着村民走在幸福的小康路上。

每年农历二月初二是台江县的敬桥节，已列入贵州省非物质文化遗产保护名录。敬桥节具有浓厚的节日氛围，农历的二月初二，各村寨苗族同胞会举行集体祭桥活动。修桥、祭桥是苗族的传统，意在积德，祈求桥神送子送福。苗族民间希望桥神保佑风调雨顺，人丁兴旺，出行逢凶化吉。

台江县的苗族独木龙舟节是国家级非物质文化遗产代表性项目，历史悠久。黔东南苗族侗族自治州非物质文化遗产苗族独木龙舟节代表性传承人张天荣告诉

2023年全国和美乡村篮球大赛（村BA）总决赛奖品之一：银帽（吴水根 提供）

"村BA"：观察中国式现代化的一个窗口
——台盘村乡村振兴故事

我，从上山选木、伐木到凿舟，再到下水参加龙舟赛，每一步都是一道程序，每道程序都有严格的礼仪和禁忌。如今，苗族独木龙舟节成了清水江流域苗族同胞一年一度的传统盛会。苗族同胞通过举办龙舟竞赛，一方面是传承中华传统文化，另一方面是凝聚干事创业激情。

除了办好传统的节日外，台江县还致力把"流量"变为"留量"，把"一时火"变为"一直火"。政府还加大了招商引资力度，从火热的篮球赛场转到广阔的建设场景，这个拥有17.3万人的县城先后引进了4家中国500强企业入驻。如今，人气带来了财气。

为了扩大"村BA"影响力和提升办赛水平，台盘村对篮球场及周边设施进行了提质升级，配套了媒体采访接待间、会客休息间、运动员更衣休息间，还增设了停车场、小吃街等。2023年7月30日，是台盘村"六月六"吃新节篮球赛决赛日，夏季的台盘村，热情似火。台盘村设置的12个免费停车场已经停满来自全国各地的车辆。

苗族少女穿着盛装跳起优美的舞蹈（杨建国　摄）

火爆"出圈"

"村BA"火爆"出圈",激活了旅游的"一江春水"。当地政府把旅游资源和"村BA"结合起来助力乡村振兴。台盘村驻村

台江县做工精细的银饰(刘开福 摄)

第一书记张德说,伴随"村BA"火爆"出圈"的,还有作为贵州省首届"美丽乡村"篮球联赛总决赛奖品的台江鲤吻香米、鲟鱼等本土农特产品。

台江县通过各种活动,宣传台江县的美食和文化。台盘村打造了小吃一条街,还有"深山非遗集市""深山星光夜市"。"来台盘村既能看球又能购买苗族特色饰品、品尝特色小吃,和去年相比变化太大了。"从广东来的游客张丽丽高兴地说。"深山非遗集市""深山星光夜市"是台江县为满足游客餐饮需求、展示民族风俗,倾力打造的集餐饮娱乐、民俗文化、农特产品为一体的集市。热闹的集市全面呈现了民族"非遗"文化、乡村烟火气、盛世新景象。

张德说:"到台江县旅游,如果不去台盘村'村BA'打个'卡',那会非常遗憾。"姊妹节期间,台盘村的宾馆和餐馆都爆满,每天到台盘村"村BA"球场"打卡"的游客络绎不绝。阳芳村村委会主任杨金华笑着说,"村BA"火爆后,与台盘村紧邻的阳芳村"增粉"不少。阳芳村的"稻+渔"综合种植养殖示范基地,融合了特色生态景观,发展了徒步、赏花、民宿、农家乐等业态。这些业态吸引了不少游客。阳芳村共有20余家农家乐,2023年以来接待超5万人就餐。杨金华告诉我,阳芳村自"村BA"火爆以来,村民的收入有了明显的增长。

"村BA"火爆"出圈"后,台江县积极转变了旅游发展思路,有效地发挥文旅促进乡村振兴的作用,重点打造了台盘村、阳芳村一体化的4A级景

"村BA": 观察中国式现代化的一个窗口
——台盘村乡村振兴故事

区，让游客"留"下来。"村BA"为全县经济、社会发展注入新活力。

台盘村村委会主任、篮球协会会长岑江龙算了一笔账，仅在台盘村"六月六"吃新节篮球赛期间，村里接待游客约40万人次，实现旅游综合收入约2154万元。村民人均年收入从2012年的0.43万元提高到2021年的1.48万元。在"村BA"的带动之下，2022年台江县生产总值完成44.98亿元，同比增长9%，增速居全省第一。2023年3月底，贵州省首届"美丽乡村"篮球联赛总决赛期间，仅3天时间，台盘乡就接待游客约18万人次，实现旅游综合收入约5516万元；在6月20日全国和美乡村篮球大赛（村BA）揭幕式当天，全乡旅游综合收入突破3500万元。据有关部门统计，2023年"五一"国际劳动节期间，台江县累计接待游客56.6万人次，同比增长179.61%；实现旅游综合收入9.31亿元，同比增长348.83%，达到了2022年全县旅游综合收入的一半，再创历史新高。有数据显示，"村BA"火爆"出圈"以来，台江县2022年7月至2023年5月的旅游总人数达633.12万人次，同比增长38.79%；旅游综合收入74.59亿元，同比增长81.72%。

党的二十大报告指出，坚持以文塑旅、以旅彰文，推进文化和旅游深度融合发展。榕江县的"村超"借鉴了台江县"村BA"成功的办赛经验，也坚持开放办赛，不收门票，不拉赞助，村民自己当办赛主体。这种成功的做法，既减轻了政府组织办赛的经济压力，又实现了赛事开放性和公益性的兼顾。张德说："只要能充分挖

"姊妹饭"（曾皎飞 摄）

火爆"出圈"

台江县元宵节舞龙嘘花（曾皎飞 摄）

掘当地的优秀传统文化，发挥基层群众体育组织的作用，吸引广大农民'愿参与、能参与、乐参与'，不管是'村BA'还是'村超'，都一定会火爆。台江县有80多年的篮球比赛举办历史，榕江县同样有80多年的足球比赛举办历史。"在张德看来，只要通过广泛开展、积极引导的方式，台盘村必将走出一条文化、体育、旅游产业融合发展，助力乡村全面振兴的发展之路。

"村BA"的火爆，是点燃乡村的文化动力。"村BA"带来的直接效应是成功推动了乡村地区IP的打造、特色农产品的销售、民俗旅游的火热，必将吸引更多的投资，带来更多的发展机遇。

"村BA"的火爆，带来的积极意义绝不限于体育运动的推广，它在带动当地特色产品、特色文化"出圈"的同时，也满足了农村广大人民群众的精神文化需求，以"润物细无声"的方式重塑乡村文化，为振兴乡村文化拓宽了道路。

"村BA":观察中国式现代化的一个窗口
——台盘村乡村振兴故事

▶ 全民嘉年华:共享民族团结盛宴

> 阳光照在窗台上
>
> 出征的号令已经吹响
>
> 我们跨过一座山
>
> 我们蹚过一条河
>
> 不离不弃,像门前那棵石榴树
>
> 硕大的石榴压弯了树枝
>
> 颗粒紧紧抱在一起
>
> ——题记

李智已经热得汗流浃背。他从家里出发,迎着太阳一路小跑赶到篮球场,一两千米的路程正好可以热身。这一年来,李智明显感受到村子的巨大变化。作为村篮球队的主力队员和退役军人,他一回到家,放下行李就到村委会帮忙。村委会根据篮球赛事安排任务。平时,他和村里的几位退役军人一起负责安保工作。他们都非常乐意接受这份差事。

2023年7月,一年一度的"六月六"吃新节如约而至,"村BA"篮球赛即将开始,来自全国各地的247支球队齐聚台盘村。"村BA"揭幕友谊赛由浙江省长兴县新川村队和东道主队台江县台盘村队开打,中央广播电视总台主持人撒贝宁作为台盘村"荣誉村民"编入台盘村队。

火爆"出圈"

"我们一定配合好，打出台盘村的水平。"为了备战首场篮球赛，台盘村篮球队队长李正恩组织本村队员开了一次动员大会，他对后卫、小前锋、大前锋、中锋和控球后卫进行了再一次调整，对球员提出了具体要求："球场上，我们要灵活机动，团结互助，把拼搏精神展示出来。要遵守比赛规则，不能随性'打野球'。"同时，撒贝宁作为"荣誉村民"参加比赛，让李正恩队长既激动又担心。他特意交代年纪小一点的李智、吴小龙要和撒贝宁做好配合，在球场上要拼出年轻人的水平。

7月15日晚上6点，在台盘村乡村体育嘉年华活动上，台盘村老中青三代球员隆重宣布开赛，台盘村2023年"六月六""村BA"篮球赛正式拉开了序幕。

在揭幕友谊赛中，身着66号白色主场球服的撒贝宁在篮球场上相当卖力。他已经把自己当成了台盘村的一员。刚上场，一记精彩的击地传球助攻队友得分；当新川村队进攻时，他拼命追防、近身缠绕、拼抢篮板球……

"村BA"颁奖现场的大合照（曾皎飞 摄）

"村BA":观察中国式现代化的一个窗口
——台盘村乡村振兴故事

来自1500多千米之外的客场作战的新川村队,充分感受到了台盘村村民的巨大热情。每一次进球,尖叫声此起彼伏,山呼海啸一般。在撒贝宁的擂鼓助威下,"新川村,加油""台盘村,加油"的呐喊声不绝于耳,一浪高过一浪。

在"村BA"篮球赛现场,观众热情高涨,气氛热烈,整场赛事充满了农趣、农味,充分展现了"村BA"的快乐和纯粹,球员和观众成为整场赛事的主角。来自台江县施洞镇猫坡村的村民张黎昌高兴地说:"去年,猫坡西瓜作为'村BA'的奖品,给我们的农产品销售带来了很大的帮助。今年,我们想通过'六月六''村BA'让猫坡西瓜再火一把,让农户更有信心,更愿意回到家乡创业。"

"为了台盘村'村BA',我们公司特地准备了一个多星期,把12种农特产品摆在现场,让大家能够看到、吃到我们的产品。这12种产品包括休闲牛肉、休闲香猪、腊香猪等,都是质优价廉的土特产。"参展户陈泓霖向游客展示地方特产。

台盘村还特意设置了"村BA深山集市",125个摊点成了台盘村的一大亮点。远道而来的观众不仅可以看球赛,还可以逛集市、品美食,乡村烟火味儿十足。

在乡村体育嘉年华开赛前,新川村队和台盘村队还在球场上互换礼品,新川村队的队员们带来了长兴特产——吊瓜子,台盘村队员们则送上了本地特产——玉米。他们以这种朴素的方式表达对民族大团结的理解。

"这里的现场氛围相当棒。在浙江,篮球场大部分是室内的,没有这么多观众席。这里的观众比我们那边多,村民也很热情。在这里,我不仅可以看到很多具有民族特色的银饰,还观赏了很多穿插在体育运动中的独特节目。这种体育跟文化相融合的形式太棒了!我们又打球又像聚会一样,很

火爆"出圈"

'嗨'！"新川村队的队员钱喆说出了12名参赛队员的心声。这种全民共享的快乐，民族团结的文化盛况，让他们终生难忘。

歌舞表演是篮球赛的重头戏。中场休息时，队员们和撒贝宁一起参与了蹦"苗迪"的活动。雄浑的苗族芦笙曲和激情四射的反排木鼓舞，将现场气氛不断推向高潮。在嘉年华系列活动中，"村BA"篮球场上的投圈活动让游客参与互动，奖品是"村味"十足的本地鸡、本地鸭。这让活动更加温暖人心。

台盘村"村BA"火爆"出圈"以来，每一次的赛事都有新的看点。不管是参赛队员，还是当地村民，都尽力扮演好自己的角色，用自己的方式践行"事成于和睦，力生于团结"的观念。他们在台盘村的土地上谱写了一曲磅礴有力的民族团结乐章。

2023年8月19日，全国和美乡村篮球大赛（村BA）西南大区赛在台盘村举行。赛事期间，来自贵州、内蒙古、四川等地的汉族、苗族、侗族、仡佬族、畲族、蒙古族、彝族、回族等各民族的表演队伍亮相"村BA"球场。一场全民大联欢的深山音乐会在"村BA"篮球场激情上演。

此次深山音乐会在凯里市歌舞团带来的开场舞《迎宾酒》中拉开帷幕。接着，回族歌手沙宝亮的一首《最初的信仰》在"村BA"篮球场上点燃观众的热情，掀起了两万多人的大合唱。"跟着希望跟着光/我是不落的太阳/为了最初的信仰/在我的战场/向着胜利前进的方向。"当沙宝亮在球场上秀起篮球技

深山音乐会中的民族文化表演（邰光菊 摄）

"村BA": 观察中国式现代化的一个窗口
——台盘村乡村振兴故事

巧，现场又一次响起雷鸣般的掌声。

当晚，台江民族中学第一位考上清华大学的学生杨桃身穿苗族盛装出现在篮球场上，她和台江县城关一小的苗疆合唱团共同演唱《大山的小孩》："有一天我会离开/去看外面的世界多精彩/穿上我的苗衣/像一朵花盛开/像一朵花勇敢地盛开。"他们唱出了心中对美好生活的向往。在现场，杨桃兴奋地说："我觉得能在现场感受到大家的快乐，能把这份快乐传递出去，我也很开心。"

两个多小时的深山音乐会在欢快的"苗迪"中落下帷幕，台盘村村委会主任、篮球协会会长岑江龙终于松了口气。作为组织者，球场上的事，哪怕小到一盏灯都牵动着他。那天一大早起床，他第一时间把深山音乐会活动的流程捋了一遍。吃过早餐后，陆续从外地赶往台盘村的表演队伍快把他的电话打爆了。从演出顺序到中场的趣味活动，从安排食宿到做好安全保障工作，他不敢有丝毫的懈怠。他把村里的退役军人都组织起来配合做好安保工作，疏通车辆，维持秩序。他还号召村里人尽量把球场最好的观看位置留给远道而来的观众，因为这是台盘村人的待客之道——把最好的留给客人。

那几天，台盘村像过年般的热闹，不管是游客还是本地村民，大家的脸上都洋溢着春天般的笑容。

"这应该是我人生中最让我热血澎湃的一次演唱，每一个人，包括这里所有的球员和观众都沸腾了。"歌手朱克激动地说，"之前参加过无数次演唱活动，而这一次让我终生难忘。"在深山音乐会上，他给观众带来了《离不开你》。是的，在我们生命中，有些情感无法割舍，比如台盘村人与篮球的情缘。

中国通俗女歌手潘倩倩在"村BA"深山音乐会上演唱《向天再借五百年》。她坦言，演出这么多年，第一次感受到这样的热情，现场近3万观众让

火爆"出圈"

她感到非常震撼。她以歌声，表达对热情似火的观众的由衷感谢，也是对各民族共建共享、共融共乐的氛围发自内心的感动。

那一晚，台盘村"村BA"球场人山人海，掌声和欢呼声一浪高过一浪，传统艺术与现代艺术在"村BA"球场轮番上演。浑厚、低沉、高亢的歌声响彻"村BA"篮球场上空。观众手执荧光棒，会聚在一片璀璨的光海中。难忘的深山音乐盛宴让人久久回味。

多声部民歌和反排木鼓舞表演（邰光菊 摄）

2023年9月8日，以"庆丰收 促和美"为主题的"中国农民丰收节晚会"分会场录制在"村BA"篮球场进行。当晚，"村BA"深山音乐会再一次吸引了无数观众的目光。

在音乐会上，灯光闪烁处，苗族同胞跳起了反排木鼓舞，唱起了多声部情歌，一瞬间点燃了现场观众的热情。观众在《大山的小孩》歌声里仿佛看到斑斓的色彩，体会梦想生长的力量。在《踩桥芦笙舞》中，观众仿佛看到了丰收的景象。一曲《杜鹃情歌》，带领大家仿佛走进万丈霞光。《忆故乡》让无数游子看到了故乡振兴的样子。浑然天成的《自然交响曲》，生动展现了艺术的纯粹。台江县小学生演唱的《新竹词》，辅以独特的乐器演奏，礼赞天下师者。响彻"村BA"篮球场上空的芦笙、回环缠绵的侗族大歌、激情飞扬的苗族飞歌和响亮的木鼓声让人久久难以平静。一个接一个的精彩节目轮番上演，让观众领略了中华民族文化的博大精深和独特魅力。

"村BA":观察中国式现代化的一个窗口
——台盘村乡村振兴故事

> 天下有多大,随它去宽广
>
> 大路有多远,幸福有多长
>
> 听惯了牧马人悠扬的琴声
>
> 爱上这水草丰美的牧场
>
> 花开一抹红,尽情地怒放
>
> 河流有多远,幸福有多长

蒙古族歌舞《火红的萨日朗》火爆登场,"村BA"篮球场仿佛成了广阔的草原,顿时让人心旷神怡。这一次,蒙古族同胞还带来了歌舞表演《顶碗舞》《鸿雁》《牧马人》《美丽家园》和马头琴演奏《白马》等,带有浓郁民族文化特色的歌舞展现了蒙古族人民的热情、奔放、勤劳与勇敢。

村委会办公楼前悬挂的"各民族像石榴籽一样紧紧拥抱在一起"的标语牌在现场灯光的映衬下更显夺目,是这一场意义非凡的深山音乐会的最好诠释。

苗族与蒙古族同胞共同表演了《石榴籽的欢庆》。"南方的芦笙和北方的马头琴,南方的飞歌和北方的长调在这个舞台有机融合在一起,形成了一种新音乐模式。这也让观众朋友感受到我国各民族音乐的神奇魅力。"深山音乐会音乐总监鲍海鸿表示,通过各民族艺术的有机融合,大家像石榴籽一样紧紧抱在一起。这是中华民族大团结的生动体现。

> 长长的思念捻成线
>
> 绣出最美的春天
>
> 我已等待了许多年
>
> 等你来到我身边
>
> 拥挤的人群那一眼
>
> 我就认出你容颜

火爆"出圈"

　　向你的生命借一天

　　我会还给你永远

　　我跨越山海，来和你相见

　　繁花到天边，筵席永不散

　　歌手王艺、赵雨洁现场高歌《跨越山海来相见》，引发全场高潮。"村BA"已经由一场乡村篮球赛事升华为民族文化盛宴。

　　全国和美乡村篮球大赛（村BA）总决赛开幕式在10月25日举行。为了参加开幕式，凯里市舞蹈协会主席邓锦丽（苗族）很早就开始组织凯里市教师舞蹈团的同志们进行排练，她们把《幸福花》唱了一遍又一遍。

　　开幕式那一天，本土实力歌手王敏、邓锦丽、梁晓英、潘小燕、桃岗、陈玮玮登台演唱了这一支由她们自己"凑份子"制作的歌曲。邓锦丽告诉我："这是向观众展示教师队伍风采的歌舞，这是我们的文化自信。在共建

风景如画的村寨（曾皎飞　摄）

"村BA"：观察中国式现代化的一个窗口
——台盘村乡村振兴故事

和谐社会的今天，维护中华民族大团结是每一个中国人的责任和义务。"做好民族团结工作，有利于各民族之间相互学习、相互支持，促进社会经济发展、科技进步和人民生活水平的提高。邓锦丽坦言，篮球运动是当地老百姓最喜爱的体育运动之一，举办篮球赛事既可以促进民族团结，又有利于各民族之间文化交流和友好往来，还打造了和谐美好的社会文化氛围。

台盘村"村BA"能够在短时间吸引大众关注，火爆"出圈"，来源于这里纯粹的乡村体育运动带来的快乐。人们自发地从四面八方赶来参与，就是来享受这种纯净朴实的美好与快乐。邓锦丽表示，能参与到这个和谐友爱的活动中来，是一种幸福。正如她们演唱的《幸福花》，展现了乡村振兴战略为少数民族地区带来的和谐美好的幸福生活，唱响民族团结和谐主旋律，讴歌新时代乡村物质文明与精神文明协同发展的新气象。我从她充满幸福的脸上已经感受到音乐和舞蹈的力量。这振奋人心的歌唱，是敲响的战鼓，是各民族同胞走在乡村振兴路上的喜悦情怀。

在台江这片土地上，生活着苗族、汉族、侗族、土家族等民族，各民族在这里和谐共生。现在，来自全国各地的无数篮球爱好者汇聚于此，切磋球技。他们用自己的方式相互展示本民族的文化，谱写民族情感的音符，汇聚成一曲磅礴有力的中华民族团结乐章。

苗族和蒙古族同胞同台歌唱（龙军　摄）

贵州苗族青年歌手杨祖桃曾在一次深山音乐会上献上一曲《人世间》，怀旧的旋律感动了全场。这正契合我们平凡的一生，像种子一样，一

火爆"出圈"

生向阳，在这片土壤随万物生长。她在接受采访时表示："'村BA'现场上演绚丽多彩的民族文化感动了我。作为苗族的青年歌手能在现场演唱是莫大的荣幸。

观众手执荧光棒，用激情点亮"村BA"舞台（张奎 摄）

看到各民族在'村BA'舞台上展示自己民族最温暖、最靓丽的歌舞，自己也感受到前行的力量。"

在"村BA"的球场内外，从每一个环节的策划，到每一场篮球比赛的进行，再到每一个节目的表演……在场的球员、组织者、表演人员，都在这里尽情展现自己的智慧和能力。正如无数人像石榴籽一样凝聚，才使得中华民族蓬勃兴旺。

台盘村篮球比赛解说员王再贵在现场采访了一位从黑龙江自驾游来到台盘村的观众，他说在网络上已经感受到了"村BA"的魅力，开车3000多千米来到台盘村，只为目睹现场风采。有观众感叹，油费太贵，这一趟成本有点高了。他表示，自己骨子里就喜欢这里的氛围。"你从3000多千米以外的地方来到这里，了不起。台江欢迎你。"王再贵充满热情地大声说道。

2023年，台江县被评为全国民族团结进步示范县，台盘村获得2023年度贵州省民族团结进步示范区示范单位的称号。在新时代的征程上，台江县将继续做好民族团结这项重要工作，不断推动各民族交往交流交融，生动谱写民族团结奋进的新篇章。

写到此处，我的耳边又响起台江本土苗族歌手蝶长的《村愿》：

"村BA":观察中国式现代化的一个窗口
——台盘村乡村振兴故事

我眼中和美的今天

那是锦绣江河的期盼

我心中乡村的明天

那是绿水青山的村愿

我梦中不忘的眷恋

闪烁家乡连绵的炊烟

我怀中初心的勇敢

许下世代不断的村愿

一幕幕　赛场的非凡

燃腾热血去蜕变

一声声　真情的呐喊

让爱追寻天地间

一代代　薪火的承传

谱写我们的诗篇

一辈辈　挥舞的信念

画出最美同心圆

"村BA"中的那些人

"村BA":观察中国式现代化的一个窗口
——台盘村乡村振兴故事

▶ 驻村第一书记的第一场球赛

从梦中醒来,你还伏在案前

村委会办公室那盏不眠的灯

彻底把夜色照亮

窗外月色淡了

或许再过两三个小时

太阳就要升起了

从梦中醒来,内心安宁

你已经翻开新的泥土

种下了一粒种子,渴望春天

早一点醒来

——题记

未见台盘村驻村第一书记张德之前,我通过在台盘乡棉花村驻村的第一书记刘开福要到了他的微信。我在微信里说我要来台盘村报道"村BA"的想法,他说:"为了台盘村的发展,我们义不容辞,一定积极配合工作。"虽然彼此加了微信,但很少聊天。从他的微信运动步数排行榜排名来看,已经能感受到他的忙碌。见到张德的那一刻,我从这位说话轻声细语,朴实厚道

"村BA"中的那些人

条件不断改善的篮球场（张德 摄）

的苗族汉子身上感受到一种沉稳的力量。

从到台盘村报到，再到"六月六"吃新节篮球赛开打，张德仿佛历经了一次蜕变，不仅从身体上，而且从灵魂上都得到了一次淬炼。

2022年初，听闻要选派驻村干部，张德主动请缨说道："打赢脱贫攻坚战后，台盘村发生了翻天覆地的变化。现在国家实施乡村振兴战略，推动产业发展，正是需要我去驻村出把力的时候。"可是，妻子邰志敏是医院重症监护室的医生，平时工作非常忙碌。如果自己下去驻村，那两个孩子怎么办？"不去驻村，行吗？"妻子试探性地问。张德陷入了长久的沉默。看着4岁的女儿和2岁的儿子，张德觉得自己的决定有些草率和不近人情。这些年来，和家人聚少离多，加上自己工作繁忙，他总觉得亏欠家人太多。

"在脱贫攻坚期间，我就有去驻村的想法。而这一次，机会难得。"张德颇有歉意地对妻子说。

家庭与工作该如何平衡？一连串的问题困扰着张德。那一夜，夫妻俩辗

"村BA": 观察中国式现代化的一个窗口
——台盘村乡村振兴故事

"村BA"记者之家（刘开福 摄）

转难眠。结婚以来，体贴的妻子了解张德的性格，一旦决定了的事很难回头，要干的事情想尽一切办法都要干好。她知道自己无法改变丈夫的决定了。天一亮，她对张德说，支持张德去驻村。从机关到农村，去一线基层接受锻炼，对个人成长有极大的帮助。两个小孩由外婆来带，虽然辛苦，挺过去就好了。那一刻，张德热泪盈眶，内心泛起无限柔情。结婚这么多年来，夫妻俩志同道合，工作上共同进步，生活上互相搀扶。在人们眼里，他们是一对令人羡慕的伴侣。

2020年底，贵州省66个贫困县全部脱贫摘帽，为确保巩固拓展脱贫攻坚成果同乡村振兴有效衔接，自2021年以来，贵州省陆续选派了3.2万名第一书记和驻村干部。2022年3月14日，张德正式从台江县投资促进局机关来到台盘村担任驻村第一书记。能有幸成为这3.2万人中的一员，张德内心非常激动。能够在振兴路上和老百姓一道努力，是一件幸福的事。"把老百姓当成自己的爹妈，你的工作就没有开展不了的。"这是张德父母在世时对他的谆谆教导。张德在工作中牢记父母的嘱咐。农村工作千头万绪，这一招是他完成工作的制胜法宝。村民们都很喜欢张德，把他当做自家人。张德入户做村民的思想工作，村民积极配合，但配合的前提是要喝上一碗酒。对于喝酒，张德认为这是村民的待客之道。大家坐在一起，心与心的距离自然就近了。

驻村后，他尽管忙得像个陀螺，但头脑仍然可以保持高度的清醒。他

"村BA"中的那些人

有条不紊地安排村里的事务。吃新节快到了,怎样才能把篮球赛办得更加有看头?

台盘村村民对篮球的热爱由来已久。在这特殊的时期,是否举办篮球赛,他和党支部书记张寿双有过多次交流,反复研究其中的风险。既不能给村民高涨的热情浇上冷水,又必须做好疫情防控、赛事安全等相关工作,这是大前提。

张德郑重地说:"我们一定要想方设法把举办篮球赛的风险降到最低。"

篮球场在村委会大楼前,每天早上六七点钟,住在村委会的张德就可以听到打球的声音,有时凌晨一两点钟都还有人打篮球。张德说:"有一些年轻的妈妈会抱着孩子来打球,孩子们放学后也会过来打。早上可以不用设置闹钟,听到'咚——咚——'的声音就知道天快亮了。刚开始还不太适应,过了好久才把生物钟调整过来。"

"咚——咚——"在张德听来,像激励他前行的战鼓声。

在现在这种特殊的情况下,篮球赛应该怎样安排呢?这是他到台盘村担任第一书记以来,思考得最多的一件事。每天晚上睡觉前他都要整理一遍思路,随身携带一个笔记本,将瞬间想到的事情一一记录在本子上。

吃新节前一两个星期,在外打工的年轻人陆陆续续回到了台盘村,他们一有空就在篮球场上练球,不亦乐乎。

他们抱着篮球,找到张德,问:"张书记,今年篮球赛还能办不?"

张德说:"疫情防控压力大着呢。我下来和村委会的同志商量一下,分析研究一下风险。"

村民说:"怎么办?我们好不容易请假回来了。"

张德回答:"有几点疫情防控要求要是做得到,我们就办,如果做不到就只能明年再说。"他要求现场必须配置测温仪,由专人负责测体温;必

"村BA": 观察中国式现代化的一个窗口
——台盘村乡村振兴故事

须设置健康二维码,张贴测温、佩戴口罩等宣传标识标牌;必须备有消毒物品,并对球场和看台开展常态化消毒杀菌。

村民表态道:"这些都没问题,我们坚决做到,不给疫情防控添乱。"

"我也顶着压力,年轻人都回来了,不办篮球赛会伤他们的心。"张德心想,他也考虑到了疫情防控的严峻性,万一造成大范围的感染,自己被处罚事小,破坏了疫情防控局面事大。张德说:"村里的篮球协会工作安排很到位,他们把人员分成了后勤保障组、现场秩序维护组、巡逻组,还安排了负责交通疏导的村民。吃新节的篮球比赛进展得非常顺利。"

突如其来的巨大人流量,让传承了几代人的篮球赛,在短短几天内席卷了网络。不爱打篮球的张德以前基本上没有完整地看完一场比赛,在亲历"村BA"的火爆"出圈"后,他也感到心潮澎湃。刚到村里驻村时,整个村子十分安静,与现在几乎每天都有络绎不绝的外地游客前来"打卡"、看球赛的热闹氛围形成鲜明的对比。

张德来驻村前,从未考虑过用篮球赛事来提高经济和相关产业的发展。按照他的计划,原来是打算借着村子位于乡政府所在地的人口聚集优势,在村里注册一家劳务公司,以此来增加村集体收入。那时,劳务输出是一种脱贫致富比较快的方式,但是还没等到劳务公司成立,"村BA"就火爆"出圈"了。

火爆的篮球赛,让心潮澎湃的他找到了工作的方向。以赛助旅、以赛扶产、以赛促文,发展壮大村集体经济,加强农、文、体、旅融

张德(左)走村串寨了解社情民意(杨再勇 摄)

"村BA"中的那些人

合发展,正是台盘村努力走好的振兴之路。

驻村一年多的时间,张德在思想上尊重群众,感情上贴近群众,主动为村民谋发展,已经把台盘村当成了自己的家,赢得了村民们的信任和好评。

"村BA"火爆后,村民们对这位第一书记另眼相看。"想不到张书记真有'两把刷子'",村民们的调侃中透露出钦佩之情。

"这个孩子脑筋好用着呢!"台盘村一位老人对张德竖起大拇指说。

"张书记是个有才华的人。他来村里带领我们致富,我们有信心。'村BA'能走到今天,张书记有很大的功劳。小伙子思路超前,篮球赛打出了新名堂,台盘村的明天一定会更加美好。"台盘村党支部副书记李正彪对张德高度评价。

刚入村时,大部分村民对张德不敢抱有太多的期待。"第一书记嘛,来了又回去,来驻村就混一个基层工作经历罢了。"有的村民这样说。张德说道:"能够到台盘村担任驻村第一书记,是组织对我最大的信任。到了台盘村,我就是台盘村人,我有义务把村里工作搞好。另外,下到村里来,是我实现人生价值的一个机会。"张德主动把自己融入村里,走村入户,开院坝会,俨然一位地地道道的台盘村人。

张德驻村后,积极主动联系台江县投资促进局帮助解决电脑、打印机等办公用品短缺的问题,进一步改善了村里的办公条件;申请了重大节日活动、到台盘乡中心小学和中心幼儿园看望学生、慰问共产党员、购置台盘村篮球架等的相关经费,共计2万元。张德联系了万盛经典爱心公益行动队。公益行动队捐赠了价值3000余元的画板、图书等给台盘村的学生,开阔了学生的视野。

我从张德的述职报告中摘抄了一组数据:对接州文体广电旅游局帮助安装价值40 000元的建设器材;申请帮助解决台盘村文艺宣传队木鼓、音响、

"村BA":观察中国式现代化的一个窗口
——台盘村乡村振兴故事

锣鼓等物资,黔东南苗族侗族自治州文体广电旅游局已拨付100 000元帮扶经费到台江县财政局。张德还用驻村第一书记经费采购了打印机、电脑、打印纸、拉杆夹等村办公用品,价值6800元;安装了村街道两边的红旗杆50根,价值1700元。他为台盘村2022年高考考取二本以上高校的9位学生募集了奖学金、助学金22 800元、拉杆箱13个;协调县农业农村局硬化了村里的道路460米……

在这些数字背后,是张德艰辛的付出。张德笑着说:"虽然辛苦点,但看到现在台盘村因为篮球火遍全国,村民干劲十足,我再累再苦都是值得的。"争取其他部门的支持,说起来轻巧,但落到实处还有很多工作要做。好在这些部门都很热心,也提供了实实在在的帮助。

真蹲实驻,真帮实促,吃住在村。张德在组织建设这方面有很强的工作能力,主要表现在用好驻村工作"八法",加强村级班子建设,提升服务能力,加强村级后备力量帮扶培养和共产党员发展、教育和管理工作,抓好乡村振兴工作。

"乡村振兴,需要新鲜血液。"张德说,2022年村党支部培养了入党积极分子3人,接收预备党员2人,同意预备党员转正1人。共产党员队伍不断壮大,这是个好势头。他说:"有困难找组织,有想法找组织,组织焕发的能量是无穷的,要让村民时时刻刻想到组织。由于各种原因,在推动产业发展的过程中,村里的一部分人持等待、观望的态度,主动融入发展大局的动力不足。这部分人需要用组织的力量去带动、去感化。"

驻村以来,张德动员村民积极参与国家储备林建设工作,培养种植养殖大户、致富能人共10人,引导农户自主发展、推荐就业、土地流转等多渠道增收受益。同时,他采用"村社合一"的模式发展产业,鼓励村民发展枇杷、金秋梨、蔬菜等种植产业及黑毛猪、黄牛、鸡、鸭、鹅、鱼等养殖产

"村BA"中的那些人

党的二十大精神"理论宣传二人讲"台盘村宣讲会(张德 摄)

业。目前,全村种植枇杷550余亩、黄豆50余亩、蔬菜40余亩,养殖鸡鸭鹅3000余只、羊20只、牛45头、猪130头,稻田养鱼34亩,油菜种植320亩等。传统优势特色种植养殖产业稳定发展;农村集市贸易、餐饮住宿、休闲旅游等产业稳步提升。

"村BA"火爆后,2022年8月23日,张德组织召开了一个院坝会,会场就选在篮球场。

"今天组织大家开会,议题就一个,主要围绕'村BA'球场后期的改造规划和如何借势'村BA'谋振兴。"张德直奔主题,征求村民们的意见和建议。话音刚落,一位村民抢先举手,他大声说道:"村里的青壮年劳动力应当积极主动参与乡村振兴建设。"他在会上号召在外打工的年轻人回到家乡,借势"村BA"在家门口创业。

一支手持话筒在村民手里传递——

"参照标准球场,我建议地面铺成专用木地板。"

"最好把球场搞成室内的,对球员和观众都有保护作用。"

"搞成室内球场就失去我们的意义了,相当于自我封闭。"

"应该增加灯光。"

"从安全角度出发,看台应该增加防护栏。"

"目前看台位置少了,可以顺势增加几级。"

"球场外可以增设一个'村BA'周边专卖店,卖工艺品和文旅产品,周边几个村的特产也可以进入专柜。"

"外墙还可以画一些篮球壁画,增加氛围。"

"应该有一个文化室,展示我们村的篮球运动历史。"

"利用村委会办公楼建球员休息室。"

"球场边尽快建一间球员洗澡室。"

"加强球场外移动摊位管理,适当收取卫生管理费,可以增加村集体收入。"

"记者来了,要有一个专门发稿的地方,媒体室不能缺少,'村BA'的火爆要感谢媒体的助力。"

"下一步还要搞'村BA'体验馆。"

……

院坝会开得热火朝天,大家你一言我一语,对"村BA"的建设与发展建言献策。张德认为,与村民围坐在一起共议共商的形式非常好,沟通效率很高。张德来到台盘村最大的感受是村民们非常团结,大家心往一处想、劲往一处使。一个篮球场改善的议题得到了多个解决方案。改善后,篮球场铺设了一层1厘米厚的地胶,球场的灯从原来的6盏增加到了11盏,东北面的看台增加了13级,西北面的看台增加了5级。看台上还增加了几处护栏。篮球场边设置了球员的洗澡间、更衣室和休息室,还增加了媒体室和"村BA"主题

"村BA"中的那些人

商品专卖店。

2022年以来,台盘村新增篮球场看台座位10 000余个,新建停车场1000余平方米,流动摊位改造2500平方米,墙面风貌整治40 000余平方米。整个村庄在一年之间,发生了巨大的改变。张德告诉我,这些做得还不够,发展之路还很长。他坦言,现在外界对台盘村的关注度超过了预期,以前"六月六"吃新节举办篮球赛是当地人的自娱自乐,现在来到聚光灯下,外界的期望更高,是全网的共享共乐。他相信:不管未来还有多少困难,台盘村的老百姓都会和他一起勇敢地面对。

台盘村,每天都有喜事发生。

2024年2月4日,中央组织部、中央宣传部发布"最美公务员"评选结果,台盘村驻村第一书记张德成功入选,是贵州省唯一入选人。

在巨大荣誉面前,张德如成熟的稻谷一样谦逊。

"村BA"火爆"出圈"后,随着游客、观众的增多,曾经沉静的村庄变得热闹非凡。外出打工的青年陆续返乡创业,餐馆、民宿、小吃夜市业态如雨后春笋般出现。

餐馆、民宿、小吃夜市等业态解决就业1000余人,村民在家门口就实现了就业,乡亲们享受到了实实在在的红利。看到人气越来越旺的村子,张德心里说不出地高兴。

张德坦言道:"'村BA'火爆出乎意料,这是向全世界展现中国乡村振兴美好画卷的重要契机。在台盘村可以看见一个中国式现代化的村寨盛景。"

"村BA"持续火爆,台盘村村"两委"干部既兴奋又忐忑。他们思考如何把巨大的流量转变为"留量",如何借势而上助推发展。

2024年4月的一个晚上,张德再次接受我的采访。他对"村BA"持续走

"村BA": 观察中国式现代化的一个窗口
——台盘村乡村振兴故事

红到今天有很多感慨："这一张烫金的名片得到大家精心呵护，我的心里除了感激之外，还有更多的想法，那就是'村BA'下一步该怎么走？"

张德没有闲着，他走访党员、村民代表、篮球协会成员、乡贤能人，虚心向他们讨教，通过召开支委会、党员大会、村民院坝大会等方式收集民意，共谋发展。大家经过多次商讨，形成了发展思路。下一步台盘村将充分用好"村BA"品牌投资吸引力，球场内拒绝资本介入，在球场外实现创收。举办高端赛事、创新招商渠道，多举措、多形式引进文体旅企业和战略投资合作伙伴，做强做优村集体经济。深山集市、室内篮球馆、研学基地、"村BA"主题酒店等项目建设规划已在张德的心中。

"希望更多的有志青年回乡开餐馆、办民宿，这样既能提升我们村举办赛事、发展乡村旅游的接待能力，又能增加村民收入。"张德胸有成竹。

目前，台盘村与贵州台江体旅融合产业发展（集团）有限责任公司签订了合作协议，共同推动"村宝宝"玩偶、篮球、球衣等"村BA"系列特色文创产品生产，开发"村BA"小程序，发展"村BA"官方线下体验店，筹办电商平台，加大宣传篮球赛事、景区景点、民族节庆及"非遗"文化、住宿餐饮、农特产品等旅游资源。

2024年"村BA"球王争霸赛在台盘村开幕。在揭幕赛那天，张德看着潮水般的人群涌进"村BA"篮球场，他知道"村BA"新赛季已经开启，必将点燃全新的希望。

"村BA"中的那些人

▶ 篮球精神传承者的纯粹与力量

> 当生命已经成熟
>
> 生命中那个遥远的神秘之地
>
> 让你魂牵梦萦
>
> 一尾三文鱼洄流
>
> 创造生命史诗
>
> ——题记

酷爱篮球,把打篮球作为兴趣而非职业,反而能让篮球运动变得更加纯粹。篮球成为很多"村BA"球员一辈子的精神寄托。我在台盘村村委会主任、篮球协会会长岑江龙身上看到了这种情感的表达。

未见到岑江龙之前,我猜想他肯定是一位颇有资历的"行家"。岑江龙给我的第一印象是头发梳得一丝不苟,高大、帅

岑江龙(左)接受采访(刘开福 摄)

"村BA":观察中国式现代化的一个窗口
——台盘村乡村振兴故事

气,充满活力。他具有和大多数"80后"年轻人一样的个性和魅力。他站在被统一涂成了海蓝色的看台上,远远望去,蓝天白云之下,宛若置身于层层叠叠的梯田之间。这一幅画面让人产生了丰富的联想。

岑江龙是一个非常有个性的年轻人,衣着考究、干净整洁,每天都把头发打理得很整齐。"现在来村里调研、游玩的人非常多,得给别人留一个好印象。"作为台盘村村委会主任、篮球协会会长的岑江龙告诉我,一个村要有一个村的精气神,一个人要有一个人的精气神。他说"村BA"最火爆的时候,他一天最多接待媒体记者40人次。对于岑江龙来说,这是一件难以忘怀的事情。最让他激动的是2023年6月中旬参加东方卫视《思想耀征程》栏目的录制,向全国观众分享属于台盘这个小村子的纯粹和热爱。

篮球是岑江龙人生道路上的精神寄托。30年前,岑江龙7岁,懂事的他已经能为父母分担家务活了。除了上学,他还得负责放养家里的一头耕牛。他牵着牛走在田间地头,看着牛安静地吃草,他琢磨着台盘村和其他的村子到底有什么区别。

在岑江龙的童年记忆里,他的天空似乎并不大。他经常仰望蓝天,期待飞机飞过。村子的偏僻、落后、交通闭塞,使得村寨的文化生活少之又少。打篮球和看篮球比赛占据了村民的绝大部分空闲时间。别人的童年或许会拥有心仪的玩具,过得开心快乐,而岑江龙的童年基本上没有玩具,看大人打篮球成了他最大的乐趣。在篮球赛中场休息时,他赶紧抱起篮球拍打几下,过把瘾。

篮球给他的童年增添了一抹亮色。虽然只是抱着篮球拍打几下,但他仿佛与篮球结下了不解之缘。他盼望着自己快快长大,像大人们一样,在篮球场上实现梦想。十二三岁的时候,村里有了影音光碟,这让岑江龙眼界大开。原来世界还可以如此的精彩。岑江龙和小伙伴们一起凑钱偷偷买光碟来

"村BA"中的那些人

2023年6月20日，全国和美乡村篮球大赛（村BA）在台盘村揭幕（张奎 摄）

看篮球比赛。"迈克尔·乔丹是我的偶像，太帅了。"岑江龙边比画边说："看到乔丹潇洒的动作，我和小伙伴们就跑到篮球场上模仿，一遍又一遍地练习。乔丹的投篮姿势太难了。"天长日久，他也模仿得像模像样。

个子高，是岑江龙的优势。他在球场上弹跳不错，16岁那年他被村里的球队选中，第一次参加了村队的比赛。被选入村队，他激动得彻夜难眠。那次上场给了岑江龙极大的满足感和自豪感。篮下抢断、投球进篮、人们的欢呼尖叫……这样的感觉妙不可言，给了他极大的信心，篮球的种子已经种在他的心里。自此，岑江龙与篮球结下了不解之缘。

初中毕业后，岑江龙没有继续完成高中学业，他在村里打了两年篮球。"只要想打篮球，天天都可以打。"岑江龙说："我们黔东南素有'百节之乡'的美称，一年有200多个节日集会，'大节三六九，小节天天有'，一有节日，就会组织篮球比赛。"那时，他的父母非常担心，不好好读书，天

"村BA": 观察中国式现代化的一个窗口
——台盘村乡村振兴故事

天打篮球,是不是不务正业?

其实他的父亲就是村里的一名球员,但岑江龙从没见过父亲打篮球的样子,在他的印象里,为了生计,父亲永远是忙忙碌碌的。关于父亲打篮球的精彩故事,他是从村里人口中听到的,父亲从未向他说起过打篮球的事。他的母亲对他打篮球一事不是很赞成,总是唠叨:"打篮球打得一身伤,你以后别学你爸爸了。"父亲从不带他打篮球,或许与母亲的反对有关。

入选村队是一种荣誉。父亲虽然没有表现出高兴的样子,却暗自欣慰,因为村队有了接班人。自从参加了村队比赛,岑江龙对篮球的热爱达到无以复加的地步。除了帮助父母干农活,他把大部分时间花在篮球场上。"总得有份事情做,不能只知道打篮球。"母亲意见有点大。在村里打了两年篮球后,岑江龙离开了家乡,外出打工谋生。

在那个年代,外出打工是村里大多数年轻人的选择。当时村里外出打工的年轻人说在广东、浙江的工厂里打工,一个月能挣好几千元。这对岑江龙来说无疑是一种巨大的诱惑。就这样,岑江龙坐上汽车,又换乘绿皮火车,和村里的年轻人一起去了浙江。

篮球场旁的村"两委"办公楼(姚瑶 摄)

"村BA"中的那些人

高楼林立、车水马龙，岑江龙第一次见到如此繁华的景象。在这陌生的城市，岑江龙感到手足无措，不知道自己能做什么。每一份招工广告的岗位，仿佛都在向他招手，看似钟情的岗位近在眼前，事实上适合的工作很难找。他和村里的年轻人在大街小巷寻找机会，总算顺利进入了工厂。岑江龙抚摸着胸前的工牌，感觉一切都是那么新鲜，心里充盈着阳光。

进厂的那一天，他特意把发胶打在头发上，迎接新的生活。在流水线上工作的时光，岑江龙总感觉生活中缺少点什么，经常陷入迷茫。来到浙江没两个月，他就准备打道回府了，原因是那边没有篮球打。岑江龙笑着说："没篮球打，整天像掉了魂一样不知所措，浑身没有一点力气。在工厂，下班后无聊到了极点。"他试图找老乡切磋球技，喜欢篮球的老乡倒是找到了，但工厂里没有打篮球的场地。

"打工的日子让人感觉很煎熬，那两个月简直度日如年。"岑江龙回忆说。后来，听在广东打工的老乡说东莞一家电子厂为了丰富员工文化生活，设有篮球场，他便前往应聘。厂方负责招聘的人一看，岑江龙个子高、人机灵，就爽快地同意他入职了。

"谁会打篮球？"工厂主管询问。

"我会，从小打到大。"岑江龙接过主管的篮球，运球、上篮一气呵成，炫了一把球技。

随即，是热烈的掌声。

那一刻，他找到了自信。

因为篮球打得好，厂里的主管对岑江龙另眼相看，把他从繁重的流水线上调到从事资料保管的办公室工作。篮球，给他带来了好运。岑江龙对于这份既有球打又有工资领的工作颇为满意。在厂里上班，不管多累，每天他都要到篮球场上去打几圈，把打篮球作为放松的方式之一。在十来年的打工

"村BA":观察中国式现代化的一个窗口
——台盘村乡村振兴故事

生涯里,岑江龙像一朵浮萍,从一个城市辗转到另外一个城市,从一个工厂换到另外一个工厂,漂泊无定。但不管再累再苦,一个篮球就能够给他带来慰藉。

每年"六月六"吃新节比赛前,他都会请假回家组织村里的比赛。他说:"口哨一响,脚板发痒,特别是穿上印有自己名字和编号的球衣,感觉就来了。"2022年6月,岑江龙再一次请假回来,和乡亲们一起组织吃新节的篮球赛。

对他来说,篮球是荣誉,更是责任。作为年轻人,他有义务回来组织篮球比赛。他一回到村里,就配合村委会准备"六月六"吃新节的各项活动。他打算这次之后,就让更年轻的人来组织篮球比赛,毕竟精力有些跟不上了。岑江龙笑着说:"这次比赛,有一两百支队伍报名,庞大的工作量,真有点让人吃不消。有的比赛只得安排在晚上进行,通宵打球。"作为组织者,他必须把赛事的日程安排、安全保障,甚至灯光等每一个细节都考虑清楚。比赛的那十多天里,他每天早上8点出门,直到凌晨4点才能回家。

"村BA"的火爆"出圈",给岑江龙带来了巨大的思想冲击。他从未想过,台盘村会因为篮球出名到如此程度。"有人说,我们创造了一个奇迹,其实,我们只是找回了一些失去的东西。"岑江龙在接受《凡人微光》栏目采访时说道:"有人说,我们给这个村子带来了很大的改变,我却在想,也许我们要留下一些不变的东西。这不变的东西,或许就是对篮球纯粹而持久的热爱。"

在思想发生了巨大变化之后,岑江龙选择了留下来,决定结束候鸟一样的打工生活,在村子里创业,带动更多的年轻人创收。岑江龙说,这些年在外打工,哪里有活干、哪里有钱赚就往哪里转,异乡始终无法留住匆忙的脚步,酸甜苦辣只有自己清楚。

"村BA"中的那些人

如今,"村BA"的火爆,让村民在家门口就可以成就一番事业,哪怕开个小餐馆都比在外打工强。贵州的县域工业化与城镇化为"村BA"的发展与繁荣奠定了良好的基础。家门口就有工作,为球员打球解除了后顾之忧。"现在想组织打篮球是'分分钟'的事情,不像以前在外打工,每年得请假回来打球。"岑江龙自豪地说。

岑江龙拿出在外打工多年的积蓄,在台盘村里开了一家餐馆,主打黔东南特色餐饮。"村BA"火爆后,外地游客增多,他把独具特色的凯里酸汤鱼、稻田鱼、羊瘪、牛瘪端上餐桌,推广黔东南饮食文化。餐厅开起来了,主要是他媳妇在管理,他则忙于篮球和村里的日常事务。为了提高餐馆的水平,他聘请了几位员工,还花高薪请了一位大厨。

香湾食府于2022年底开始装修,在2023年贵州省"美丽乡村"篮球联赛总决赛开打的前两天正式开业,生意异常火爆。岑江龙实现了回乡创业第一个梦想。他以身作则,把餐馆取名"香湾食府",不蹭"村BA"热度,保证了"村BA"的纯粹。

"在外奔波这么多年了,一直想找件事情踏踏实实地做下去。"岑江龙说,没有想到这件事是篮球运动。现在回想起来,过往的种种,都是缘于童年的梦想,缘于这些年一直坚守的篮球梦。这个梦想,说到底就是对篮球热爱,对篮球精神的传承。

这使我一下子想到了洄游的三文鱼。我把同岑江龙一样外出打工的人比喻成三文鱼,是因为他们具有三文鱼溯流而上的勇气和坚定。改革开放以来,乡村的年轻人大量外出,村庄人口减少,人心难聚。现在,年轻人像三文鱼一样意气风发,奋力越过他们人生的分水岭,回到了曾经生养自己的这块土地。年轻人返乡激发了乡村发展的活力。

"作为台盘村第三代球员,我有义务把这种篮球精神传承下去,在家有

"村BA":观察中国式现代化的一个窗口
——台盘村乡村振兴故事

时间就带孩子们练球,把台盘村的篮球精神传承下去。"岑江龙有着远大的理想,觉得台盘村篮球这份"家业"不能败在自己这一代人的身上。他说,如果把这个优良传统搞丢了,若干年后,子孙问起来,不晓得怎么回答。

2006年,国家体育总局正式启动"农民体育健身工程",以行政村为主要实施对象,建设"一场两台",即一个混凝土标准篮球场,配备一副标准篮球架和两张室外乒乓球台。在贵州,"农民体育健身工程"作为全民健身类基本公共服务更是连年入选全省年度十大民生实事,到"十三五"末,全省15 168个行政村实现了"农民体育健身工程"全覆盖。

台盘村新的篮球场在2016年就建好了,延续多年的"六月六"吃新节篮球赛到了2018年因为疏于组织和难以筹措资金面临中断的危机。岑江龙说:"那段时间,村里的年轻人被老人家瞧不起,说是现在的年轻人没一点出息,遇到困难就退缩,没有老一辈台盘村人的血性了。那几天村里的年轻人都闷闷不乐,故意在球场上把篮球拍得很响,表达内心的苦闷。""别折腾了,我们还是想想办法吧。"大家统一了意见。

"再困难也要办下去。"于是,岑江龙组织了一群年轻人挨家挨户地筹集经费,多的给1000元,少的给20元、30元,实在凑不齐的时候,几个年轻人自己补贴也要办下去。这多像上山砍柴卖都要捐助篮球赛的老一辈人。

为了让更多人能够参与其中,岑江龙还与同伴商量对"六月六"吃新节的篮球比赛进行赛制改革,一改过去只有男子组和女子组的惯例。根据大多数村民的实际需求新增了村村组、中年组、少年组。岑江龙还说,他们的第三代球员球技基本上是模仿第二代的球员和观看影音光碟摸索出来的,对于第四代球员,岑江龙希望他们能获得更加专业、系统的训练,至少别像他们这样随性地打篮球了。

2018年,台江县给了台盘村一个成立篮球协会的指标,对于有着良好

"村BA"中的那些人

10月28日晚，广东沙溪队获得全国和美乡村篮球大赛（村BA）总决赛冠军（杨晓波 摄）

篮球氛围的台盘村来说，这个指标来之不易。多年来为村里篮球比赛付出心血的岑江龙当选为台盘村篮球协会会长。篮球协会的成立，让篮球爱好者更有"家"的感觉了。朴素的农村人相信协会让人心更加凝聚。驻村第一书记张德发出感慨，这对推动产业发展，全面推进乡村振兴起到了良好的示范作用。

2023年1月，岑江龙被选举为村委会主任。这位曾在"村BA"篮球场上守护内线、组织进攻的大前锋，如今正在球场外身体力行地带动更多人加入这场乡村振兴的"比赛"中。"村BA"突然火爆，岑江龙曾想要打造的"网红篮球场"，在2022年夏天之后，真的火了，而且成为年度现象、贵州"热词"。这让岑江龙感到不可思议，也让很多人感到不可思议。

"外边都看着我们呢，接下来该怎么发展？"岑江龙说，"村BA"火了之后，外界对台盘村的关注度非常高，村民们对"村BA"也更有热情了。

"村BA":观察中国式现代化的一个窗口
——台盘村乡村振兴故事

"以前那种随性的比赛风格得好好改改。"岑江龙告诉我,以前打篮球随意性要大些,现在火爆了,每一场比赛都有很高的关注度,他们得好好地策划。

2023年6月20日,全国和美乡村篮球大赛(村BA)揭幕式在台盘村举行,岑江龙显得异常激动:"这次的赛事级别比原来的更高,已经是全国的了。这次赛事放到这里举办,让我们感到很自豪。为了这次全国和美乡村篮球大赛(村BA)的圆满成功,我们前期做了很多的准备工作。"

他无法忘记那一天。2022年11月16日,中共贵州省委党的二十大宣讲团来到台盘村传达精神,给他注入了无限精神动力。

"促进群众体育和竞技体育全面发展。"

"全面推进乡村振兴。"

"统筹乡村基础设施和公共服务布局。"

……

岑江龙认真学习党的二十大报告,他把报告里关于乡村振兴及群众体育的部分找出来反复研究。当听到宣讲团的领导说,台盘村依托乡土体育文化和少数民族文化,加强体育与旅游的融合发展是一条很好的路子时,他忐忑不安的心,终于踏实下来了。"我们一定要将党的二十大精神贯彻落实到台盘村。台盘村将以党的二十大精神为指引,开创新的未来。"岑江龙暗下决心。

"村BA"火爆之后,岑江龙显得格外清醒。他知道,像潮水一般涌来的流量,如果经营不好,也会像潮水一般很快退去。

"以球带产,以球带游。"岑江龙解释,不能把"村BA"当成生意去做,而是要靠篮球吸引人气,带动乡村特产和乡村旅游发展。"我们村有枇杷、稻田鱼、土鸡、土鸭和土鹅,这些都是人们喜欢的地地道道的特产。"

"村BA"中的那些人

贵州省、州、县党校三级联动宣讲团到台盘村宣讲党的二十大精神（张德 摄）

现在几乎每天都有来自全国各地的游客到台盘村"打卡"。在联赛季，村子里熙熙攘攘，看球、旅游的人更是络绎不绝。村里人希望借助"村BA"的影响力带动台盘村迈向高质量发展之路。

没有赛事的时候，台盘村是暂时安静的，但岑江龙并没有停歇下来，他变得更忙了。他要趁这短暂的休整时间，策划好新一轮赛事。他告诉我，2024年将筹备举办重量级的"村BA"球王争霸赛事，此次球王争霸赛为男子五人篮球赛，分为预选赛、小组晋级赛和总决赛三个阶段进行，赛事将从3月持续至11月，是一次跨度长、范围广的全新赛事。目前全国共有24个省（赛区）响应参加，报名参赛的球队已经超过600支，其中，贵州赛区已有75支队伍报名参赛。

"我们会拿出2024年集体经济收入的80%，奖励球王争霸赛的冠亚季军。"岑江龙说："'村BA'是一场村民的赛事，希望所有热爱篮球的人都能来到台盘村，更希望所有认真打球的人都能有所收获，欢迎大家来台盘村

"村BA"：观察中国式现代化的一个窗口
——台盘村乡村振兴故事

2024年3月22日，"村BA"球王争霸赛（曾皓飞 摄）

打球、看球。将'村BA'推向全国，共享乡村篮球带来的纯粹和快乐。"

如今，围绕"村BA"品牌，岑江龙已经带领台盘村村民向"互联网+农文旅体"产业链模式转变。他希望通过文化产业、服务产业的发展，造福当地百姓。

2024年2月2日，"2023年度'三农'人物"正式揭晓，岑江龙获得殊荣。领奖那天，我特意打了一个电话祝贺他。他爽朗的笑声感染着我，我相信同样也感染了每一位台盘村人和关心"村BA"的社会各界人士。

2024年"村BA"球王争霸赛开幕当晚，"村BA"深山音乐会也同时上演，各民族表演者为现场观众带来了多元化的音乐、舞蹈表演。聚光灯点亮的瞬间，岑江龙陶醉了。辉煌在未来，他的脚步铿锵有力。

党的二十大报告指出，统筹乡村基础设施和公共服务布局，建设宜居宜业和美乡村。台江县已经为台盘村的发展制定了规划，即全力打造以"村

BA"为核心的农、文、旅、体融合示范区,打造全国乡村篮球文化的标杆。发展的道路已经拓宽,老百姓致富不再是梦想。

"台盘村一定能富起来。"岑江龙说得铿锵有力。"村BA"的火爆,让他感觉很自豪。村民们信心倍增,大家像紧紧抱在一起的石榴籽,透露着鲜艳的红。

"村BA":观察中国式现代化的一个窗口
——台盘村乡村振兴故事

▶ 致富能手的家庭篮球队

一夜春风,千树万树

梨花以磅礴之势,包围了

巴掌一样大小的村庄

这是美好的兆头,枝上的几只喜鹊

已经把春天叫醒,喜庆的声音

比炊烟飘得还远

——题记

李正彪是台盘村的党支部副书记,村民们都喜欢喊他彪哥,这样显得亲热。这位苗族汉子有着苗家人的豪爽和质朴。由于经年累月的劳作和打篮球,他的身体显得很结实。他圈了一大片山林养土鸡、土鸭、土鹅。我去采访他时,他正在打理养殖场。看到我

李正彪(右)接受采访(刘开福 摄)

走来，他忙拍打手上的尘土，过来和我聊天。

李正彪曾经是南下打工潮的一员。在20世纪90年代台盘村外出打工的人当中，他算是较早的一批外出务工人员了。李正彪育有三女一男，他秉承"养儿不读书，不如养头猪"的朴素观点，发誓不管自己再苦再累，都要把四个孩子送上大学。他说："哪怕砸锅卖铁都要供他们读书学文化。一定要让他们有出息，去实现自己的理想。"这是李正彪认为一辈子再辛苦也值得做的大事。他说起四个儿女，满脸都透露着幸福。村民们对李正彪的教育观念敬佩有加，都称赞他是条汉子。

"四个孩子的身体素质都不错，有打篮球的天赋。"李正彪说，父辈喜欢打篮球，下一辈也喜欢打篮球。他们一家三代人对打篮球都有情结。想当年，李正彪8岁就开始打篮球，现在，他的孩子也以他为榜样，喜欢打篮球。李正彪告诉我，大女儿从铜仁学院毕业，目前自主创业，在学校期间，因篮球打得好，入选大学生校队；二儿子考入遵义医科大学，因篮球打得好，入选大学生校队，大学期间选择参军入伍，代表部队参与篮球赛；三女儿考入六盘水师范学院，因篮球打得好，入选大学生校队；四女儿考入贵州工程应用技术学院，也因篮球打得好，入选大学生校队。一家4个大学生，个个都喜欢篮球，都快可以组成一支篮球队了。

我与李正彪的儿子李智有过一次长聊。对于为什么在大学期间选择参军入伍这个问题，他说："作为男子汉，我应该到部队去锤炼一下，接受最严格的考验，以后人生路会越走越宽。"他告诉我，他2016年以体育特长生的身份考入凯里一中，在凯里一中就读期间，加入校篮球队。2019年，他考入遵义医科大学，选的专业是运动康复，选择这一专业得益于村里浓厚的篮球运动氛围。在大学期间，他加入了校篮球队。

2020年，李智在大二期间积极报名参军，在武警云南总队大理支队服兵

"村BA": 观察中国式现代化的一个窗口
——台盘村乡村振兴故事

李正彪在球场上练习（刘开福 摄）

役。在部队的两年间，他除了政治学习、体能和军事训练外，剩下的时间都用来打篮球。他参加过武警支队内部举办的篮球赛，获得了团队第一名的好成绩。他身板灵活，动作迅速，通常打后卫和小前锋这两个位置，是球队的主力。2023年"六月六"吃新节篮球赛，他是台盘村篮球队主力。7月15日，他与中央广播电视总台主持人撒贝宁在篮球场上一起为宣传台盘村"村BA"并肩作战，感觉浑身充满了力量。那天，球场上的拼抢非常激烈，他却丝毫没有疲劳感。

尽管在外打拼收入不错，不甘现状的李正彪还是萌生了回乡创业的想法。四女儿出生后，他就再也不外出打工了，一来可以照顾一家老小，二来在村寨附近可以凭手艺吃饭。还有一个重要原因是在家乡可以随时打篮球。2002年，在外闯荡了5年的李正彪决定回家乡。他凭着自己的手艺，在周边村寨从事木工、粉刷工、泥水工的工作。回到家乡后，他每天的工作安排得满满的，一天算下来有60元左右的收入。

随着家庭的生活开支逐渐增多，每天60元的收入显然入不敷出。为了让孩子们能安心读书，他起早贪黑，干活更加有劲。较之村里其他人，他多会一门手艺，经济条件总的来说还算过得去，但自己的心里总是不踏实。经过一段时间的思考，他发现山林很适合养土鸡、土鸭，于是选择发展特色养殖。

作为台盘村的致富能手，李正彪谈起养殖的经验，头头是道。上千只土鸡在树林下觅食、扑腾，真是壮观。他带着我来到养鸡场，见证了这种场面——一吹口哨，土鸡们仿佛听到了指令一样，迅速从树林里向我们围拢，整个养殖场地热闹非凡。他告诉我，土鸡散养在山坡上，每天上山可以捡到数十斤鸡蛋，这也是一笔可观的收入。通过一系列生态养殖，目前有上千只林下土鸡、生态鸭和生态鹅等待出售，另外还有20头肉牛、30头猪、10多只羊也即将上市。

看着眼前的一幕，李正彪有些激动："现在我把养肉牛、土鸡、土鸭和土鹅当成了主业。"村里很多人在他的影响下，跟随他的步伐走上了致富路。这个产业算是找对了路子。为了鼓励李正彪在村里带头发展生态养殖，村"两委"主动联系买家，帮助解决家禽、家畜售卖难的问题，并邀请专家上门向他传授养殖经验，希望通过他的示范带动村民们共同致富奔小康。"作为村领导，自己不先富起来，怎么能够带领老百姓脱贫致富呢？"李正彪笑着对我说，致富能手的示范作用是巨大的。现在，他家的养殖产业已经形成了一定的规模。他扳着手指给我算了一笔账："20头牛、30头猪、15只山羊，近1000只鸡鸭鹅……每年可以收入50多万元吧！"

李正彪刚用赚的钱修了一栋砖房，大部分收入用于供子女读书和再投入养殖，也没有多少存款。

"村BA":观察中国式现代化的一个窗口
——台盘村乡村振兴故事

目前,在他的带领下,村子里有5户人家从事生态养殖,都实现了致富。过去,由于没有技术,抗风险能力极低,加上思想保守,接受新事物和学习新技能的积极性不高,村民们对他所说的养殖产业兴趣并不大,袖手旁观者居多。

"万一投进去的钱打水漂了咋办?"

"万一养殖出来的牛羊卖不出去咋办?"

"万一饲养的鸡鸭大面积生病了咋办?"

村民们有太多的顾忌,李正彪理解。为了打消村民的顾忌,在脱贫攻坚期间,李正彪做了不少工作。产业从设想、动员、实施环节,他都投入了巨大的沟通成本,基本上是从零开始一步步做起。他上门做村民的思想工作,第一招是喝酒。在苗寨里喝酒最能拉近彼此间的距离,两碗米酒下肚,谈论家长里短,酒至酣处,动员工作就成功了一半。取得村民们的信任后,他通过征用村民的荒山林、田地,让村民们以荒山林、田地入股,凭借股份分红,得到实惠。

"把村民的积极性调动起来,没有干不成的事。"李正彪告诉我,只要将村民们的积极性调动起来,迸发出来的能量就是无穷的。从稻田养鱼开始,生态养鸡、生态养牛的产业慢慢形成规模,村民们的力量已经凸显,村民们抱团组织起来抗风险能力就会极大增强。随着村容村貌的改变,村民的收入增加,村集体的活力开始逐步焕发。"像组织篮球赛一样,现在村民之间的关系和谐多了,他们坐下来都会讨论村子如何发展的事情。"驻村第一书记张德看到苗寨发生的变化感到欣慰。

"有些变化是刻骨铭心的,思想的转变至关重要。"李正彪拿隔壁的阳芳村举了一个例子。曾经也是贫困村的阳芳村通过组织村民种植红米发展了一系列的产业,率先退出贫困村序列。2016年首批80亩的红米基地实现丰

"村BA"中的那些人

坡上林下散养土鸡（蔡兴文 摄）

收。精装红米一上市迅速销售一空，平均售价高达每斤18元，最远卖到了澳大利亚，总收入达23万余元，产值是传统水稻的4倍之多。种植户平均增收近5000元，村集体和合作社各得到分红12 000多元。组织的力量得到凸显，村民们看到了希望，并把这种希望寄托在组织之上。台盘村村民从阳芳村看到了希望，很多村民主动加入台盘村的养殖户行列中。看到村民们积极参与的势头，李正彪干劲十足。

这些年通过带动台盘村村民发展枇杷、油菜种植，稻田鱼养殖，李正彪率先盖起了砖房。这些年来，一件又一件大事在李正彪手里逐一完成。李正彪是台盘村自主创业走上致富路的代表之一，村子里还有很多个"彪哥"，他们在党的惠民政策的支持下，用勤劳的双手创造了美好的生活，走上了小康之路。

与李正彪聊天时，他总习惯抬头往天上看，仰着脖子，若有所思。这使我想到那歌词："我仰望星空，它是那样寥廓而深邃；那无穷的真理，让我苦苦地求索追随。"是的，力争上游的台盘村人也会有属于自己的诗意生活。

"村BA"火爆之后，村里有了更为大胆的设想。乡村振兴，家门口就

"村BA"：观察中国式现代化的一个窗口
——台盘村乡村振兴故事

业是最佳选择。年轻人选择回到家乡创业，是必然的。但需要有关部门"筑巢"，让他们感受到家门口就是广阔的天地。

"村BA"篮球赛期间，李正彪的生意特别好，村里的餐馆每天要到生态养殖场买几十只土鸡、土鸭和土鹅。"生活富裕起来了，大家互相支持、互相追赶，就像篮球场上的比拼一样。"李正彪道出心里话。他说这应该就是篮球精神。现在，村子里要动员做某件事，一声招呼，大家都愿意跟着组织走。组织的凝聚力在这里发挥得淋漓尽致。比如扩建篮球场，需要投工投劳，村里组织开个院坝会，大家表决一致通过就撸起袖子开干。昂扬的斗志和团结协作的篮球精神，在台盘村人的身上彰显。

篮球，是台盘村人的精神支柱，仿佛与生俱来一样。打篮球是台盘村人最质朴、最重要的文化生活之一。"台盘村共有272户1188人，省外务工246人。每逢吃新节，这些人都会请假回乡，有钱出钱，有力出力。"台盘村党支部书记张寿双认为，在外打工的游子仿佛是风筝，故乡，是源头，"村BA"就是连接风筝的那根线。"只要源头还在，就能让他们找到家的方向，找到盼头。"台盘村人对村子的未来充满信心。

篮球精神像一粒火种，一经点燃，必将燎原。

篮球，盘活了一个苗寨的"一江春水"。

是的，这个苗寨发生了深刻的变化。秋收后的田野开始种上油菜等农作物，火热之后的村庄归于平静，一张张展开的笑脸藏着无尽的幸福。夜幕降临，灯火闪烁。傍晚的台盘村升起袅袅炊烟。放眼望去，村子像被无数萤火虫包围，它们的舞蹈给夜色增添了温暖。我知道，温暖的灯火会给这里的人们信心和鼓励，点亮无数的希望。通过"村BA"，我在这个苗寨看到了百姓的欢喜、村庄的繁荣、国家的兴旺，看到了基层的有序治理，看到了各民族同胞在中国共产党的领导下，信心百倍地走在蓬勃的乡村振兴之路上。

"村BA"中的那些人

▶ 篮球队长的振兴观

> 篮球场上流淌的热血
> 心中燃起的焰火
> 是一路追逐的梦想
> 所有前进路上的挑战
> 让我们知道，球赛
> 并不是一场胜负的争夺
> 而是团队团结拼搏的过程
>
> ——题记

李正恩是台盘村党支部副书记李正彪的弟弟。较之村里早早外出打工的年轻人来说，李正恩是幸运的。李正恩初中毕业后，选择了参军入伍。他常听老人说，入伍就是深造，当兵就是成才。"一人当兵，全家光荣"，李正恩觉得参军入伍是一种光荣。2001年，怀着保家卫国的雄心，李正恩来到了武警青海总队海北支队。在部队，身体素质一流的他多次参与部队组织的篮球赛，成为篮球队的主力。

李正恩从小就被父亲扛在肩上看球赛，有机会就跟在父亲和哥哥（李正彪）身后学他们打篮球，模仿得有板有眼。幼小的心灵早就种下了一颗打篮球的种子。

"村BA": 观察中国式现代化的一个窗口
——台盘村乡村振兴故事

青年时的李正恩由于个子高，动作灵活，悟性好，得到了村球队的普遍认可，是台盘村篮球队的主力。他对自己的篮球技术一直很有信心，曾经在北京参加全国农民工篮球赛，获得了冠军。李正恩后来成长为台盘村篮球队队长，球赛的主办者之一。

一直以来，李正恩对篮球的感情可以用"自豪"两个字来概括：自豪在于，通过组织球赛得到乡邻们的信任，被信任让他感觉良好；自豪在

李正恩检查消防设施（姚瑶 摄）

于，篮球场上结交很多朋友，朋友多了路好走，道路越走越宽敞；自豪更在于，作为村里篮球队队长，他一直在传承村里的篮球文化，没有让老一辈人的篮球梦"断代"。他深感自己肩上责任重大。

李正恩有一双儿女。9岁的儿子和4岁的女儿让他的生活多了一份牵挂和甜蜜，两个孩子最多的玩具就是篮球。一看到活泼可爱的儿女，再多的苦和累他都甘之如饴。让孩子学习和接受专业的篮球知识和技能训练，是李正恩的梦想。他表示以前自己没有专业的教练指导，打的是"野球"，生硬、野蛮。细心的人会发现，李正恩的小拇指是弯曲的，这是以前不规范打球受伤的后遗症。他不希望下一代再打"野球"。

李皓轩的偶像是父亲李正恩。我在台盘村三组采访时遇见李皓轩，我拦住这个可爱的小男孩问："你的篮球打得过你爸吗？"他露出天真的笑脸，说："以后，我一定会超过爸爸的。"

李正恩笑着，他希望自己的儿子有一天能成为村里篮球队的主力，成为

"村BA"中的那些人

台盘村第一好手。我从李皓轩天真的脸上也看到了他的梦想,他一定能超越他爸爸李正恩。

"小孩有一定的天赋。"李正恩说起儿子颇有几分自豪,他说要把篮球技巧都传授给他,当好孩子的教练。李正恩说这些话的时候,有种衣钵相传的虔诚和敬畏。

2004年11月,李正恩从部队退伍后,他来到广东东莞长安派出所当辅警,参与派出所的一系列工作。2009年,他辞去辅警工作,辗转去了上海从事房地产销售工作。那些年,李正恩不管到哪里,一到"六月六"吃新节,他都要请假回到村里参加篮球比赛,一次也没缺席。2022年夏天,他又特意请假回到家乡。这次,他除了参加比赛,更重要的是要组织好"六月六"吃新节篮球比赛的各项事宜。放下行李,他就和驻村第一书记张德,还有几位村干部开始筹备赛事。

村民在辛勤劳作(曾皎飞 摄)

"村BA": 观察中国式现代化的一个窗口
——台盘村乡村振兴故事

赛事筹备期间，他每天很早就从家里出发赶到村委会办公室。2千米的路程不远不近，他一边步行一边思考。这两年村子的发展明显让他感觉不一样了。打赢脱贫攻坚战后，村子发生了巨大的变化。村里人都在忙自己的生意，忙自己的农事，以前喜欢没事就围在一起讨论某只画眉、某头斗牛的场面少了。大家只有逢年过节才围在一起叙家常，就像"六月六"吃新节打篮球的聚会。这些变化，让李正恩看到了村子的风气在一步步改变。屋前屋后都变得干净了，还有一些在外打工的年轻人陆陆续续结束了打工生涯，回家了。

"'六月六'吃新节还没到，球场上已经来了很多年轻人练球。平时都在外面打工，每年球赛开始前，他们都会请假赶回来参加比赛，这已经是惯例了。事实上，大家都在做一件可以传承的事，不能让台盘村的优良传统在我们这一代人身上搞丢了。"李正恩说出了自己的心声。他说："这也是大家的心声。老一辈人在艰苦的条件下都做出了榜样，我们生活在新时代，物质条件比以前好得太多了，没有办不好的理由。大家回来了，眼睛是盯着我们的。"每年都要赶回来打篮球的李正恩理解年轻人的心思。他说："作为组织者，我们要策划好，不能让年轻人失望伤心。"

李正恩喜欢从看台一级一级地往上走，一边往上走一边思考，这个球赛只有一年办得比一年好，才有振兴的样子。站在看台最高处，鸟瞰重新修建的球场，李正恩心潮澎湃。那个时刻，是他思维最活跃的时候，会产生许多好的想法。比如，赛制如何改革，下一步"村BA"如何开展。

"增加少年组，培养篮球爱好得从娃娃抓起。"

"篮球赛坚决不收门票费。"

他的这些想法和建议得到了采纳。筹办2022年的篮球赛和参加比赛，他一共瘦了十多斤。他说，每年球赛结束，自己都要瘦一圈。

"六月六"吃新节篮球比赛正式开打当天，看着黑压压的人群，李正

"村BA"中的那些人

恩傻眼了。李正恩一边当观众,一边维持赛场秩序,忙得不亦乐乎。"篮球比赛那段时间,整个台盘村全是人。篮球场看台根本容不下这么多人,山坡上、附近居民家的房顶站满了人,还有很多年轻小伙爬上树看球赛。"李正恩兴奋地比画着。

李正恩说:"村里回来打球的年轻人,平时都在天南海北打工,回家打球又可以聚在一起,谈谈见闻,谈谈理想,谈谈未来。球赛结束后,年轻人一起吃饭一起聊天,一聊就是一整夜。年轻人一回来,村子的确热闹不少。那段时间,经常有年轻人聊天打球到天亮。"李正恩说这是"村BA"火爆后,对台盘村"天亮文化"内涵的极大丰富。

"六月六"吃新节除了举行篮球比赛外,还有斗牛、斗鸡、斗马和斗鸟等比赛。李正恩说,球场上球员就像斗牛一样,对抗性强,不打赢不罢休。这些比赛体现了当地群众的拼搏精神。另外,篮球运动还非常讲究团结。团结是台盘村自古流传下来的优良传统。年轻人有义务和责任把这个优良传统

志愿者在篮球场打扫卫生(蔡兴文 摄)

"村BA": 观察中国式现代化的一个窗口
——台盘村乡村振兴故事

传承和发扬光大。在苗寨，打好篮球，是一种传承文化的行为，更是培养自信自强的源泉。他说台盘村人人有篮球基因，随时都可以组织一支团结且球技好的篮球队，这种积极向上的精神面貌使他看到了这个苗寨的未来，看到了乡村振兴的希望。这次回到家乡，李正恩就决定不再外出打工了，要好好参与家乡的建设。

现在，李正恩参加了消防队的工作。针对村里砖木结构的房子多，火灾隐患大的情况，他和队员们一起定期入户检查，发现隐患，督促整改。为了确保"村BA"球赛期间用电用水安全，村里会定期进行安全隐患大排查。每次经过篮球场，李正恩都会和打球的乡亲们热情地打招呼，自己也顺便投几个篮。

"用打篮球的精神去振兴乡村，没有做不好的。"这是李正恩的乡村振兴观念，他充满信心。他说以前做工作，总是找不到着力点在哪里。现在，以"村BA"为抓手助力乡村振兴，可算是如虎添翼。这展现出了台盘村村民对篮球的热爱，表达了李正恩对篮球的执着。或许，这就是台盘村篮球文化所蕴含的信仰和精神。

▶ "'村BA'球王"的责任担当

> 不知逝去了多少岁月
>
> 我把这一生的热情留给了篮球
>
> 当科比转身
>
> 跳投的那一瞬间
>
> 我的眼里
>
> 全是激动的泪水
>
> ——题记

只要他一出场,现场就会发出一阵欢呼声。这位在贵州省首届"美丽乡村"篮球联赛总决赛上给观众留下深刻印象的苗族小伙子叫欧明辉。精准地投篮、勇敢地断球、快速地突围,让观众大开眼界。在这次总决赛上,他获得"最有价值球员""得分王""抢断王"的称号。

一战成名后的欧明辉变得更加忙碌。只要一谈到篮球,仿佛就触动他的心弦。说起打篮球的往事,欧明辉感慨万千。热爱篮球,源于自己的叔叔。欧明辉很庆幸自己有一位在台江县教体育的叔叔。小时候,他像跟屁虫一样跟在叔叔身后,看年长的孩子打篮球。刚开始大家都不待见他,他在旁边看,篮球滚到场外时,大家都喊他去捡球。他乐呵呵地跑去捡球,混熟后大家喊他加入打球队伍。面对邀请,他受宠若惊,拿着篮球有些拘谨的样子,不敢投篮。孩子

"村BA":观察中国式现代化的一个窗口
——台盘村乡村振兴故事

2023年3月27日,在贵州省首届"美丽乡村"篮球联赛总决赛中,球员欧明辉(右)在突破防线(龙军 摄)

们鼓励他,他试着投了个两分球,孩子们的鼓掌、欢呼给了他莫大的信心。慢慢上手之后他才发现自己的球感特别好,运球、传球、投篮,他都游刃有余。

从那之后,他深深地爱上了篮球运动。"那时连做梦都是篮球。"欧明辉说,从小学一直打到高中,他大部分时间用在打篮球上,以至于学业成绩一般。那时候,球场十分简陋,篮球落在地上总是尘土飞扬,稍不经意篮球就被弹飞到球场边的泥塘中。条件艰苦并没有影响他的热爱。他穿着凉拖鞋都可以在球场上练习一两个小时。学生时代所有的烦恼和惆怅,都在篮球里烟消云散。父母一心想让他读书考大学,看着他整天沉迷于篮球,父母的内心非常焦虑。为这事,他没少被父亲批评。

这些年来欧明辉见证了乡村发展的巨变。他所在的九里村属于台江县台拱镇萃文街道北部。九里村深入推进"十户一体"抱团发展,通过"手拉手"脱贫方式,在2017年至2019年的3年间,先后发展黑毛猪养殖、稻田养

"村BA"中的那些人

鱼、养蜂、蔬菜种植等特色产业，取得了明显的经济效益，使得多数贫困户因此脱贫。

外界不管发生了怎样的变化，始终没有影响欧明辉对篮球的热爱。学生时代打篮球的伙伴，有的兴趣爱好转向其他方面，有的彻底告别了篮球，而他还在继续坚守……在后来的人生道路上，他感谢篮球给他带来的各种好运。

"老婆是自己打篮球'打'来的。"因为篮球，他邂逅了甜蜜的爱情，拥有了幸福的家庭。欧明辉的妻子也是一名篮球运动员，他们二人因篮球相识、相爱。妻子是他的铁杆球迷。身高1.75米的苗族汉子欧明辉说起这段恋爱史，虽然有羞涩，但满脸自豪。妻子对他的事业很支持，只要快乐，篮球想怎样打就怎样打。他说起在贵州省首届"美丽乡村"篮球联赛总决赛那场球赛，老家九里村的很多村民从20千米以外来到台盘村比赛现场，家族的人几

2022年8月9日，佛黔协作篮球交流赛现场（杨州为　摄）

"村BA"：观察中国式现代化的一个窗口
——台盘村乡村振兴故事

乎都来到了现场助威，让他感动和充满力量。篮球一路打来，欧明辉有着满满的收获。这些收获是家人的理解和支持。

欧明辉有一个响亮的绰号"欧牛王"。他的这个绰号是对他的尊称，很接地气。他的绰号是队友给他取的。据了解，他家真的养有斗牛。在家没打球的欧明辉，每天下午总会赶着斗牛去小河边一处固定地点放养。为什么要到这个固定点去养牛？他道出了自己心里的小秘密：那附近农家乐里有一个破旧的篮球架。他可以在放牛的间隙，练习打篮球，放牛打球两不误。绰号的另外一层意思是欧明辉在球场上像一头斗牛那样勇猛、果断，充满了拼搏精神。

苗族同胞在农闲时节和节庆日子，都会举行盛大的斗牛比赛。他家的斗牛赢得了不少荣誉。家里的三头斗牛平日里温顺，但一到斗牛场上，就变得无比强悍，哪怕战死，也不倒下。欧明辉说起家里的斗牛，同样充满着自豪。他说从斗牛的身上找到了拼搏的精神。欧明辉对队友给他取的这个绰号非常满意。球场上一旦响起"'欧牛王'——'欧牛王'——"的欢呼声，他浑身就充满了力量。

打球这么多年，总有一些赛事记忆深刻。2023年3月27日下午进行的贵州省首届"美丽乡村"篮球联赛总决赛让欧明辉记忆深刻。他说那一次比赛，他成了遵义队的重点盯防对象，他的每一个动作都被对手死死盯住，稍不注意就有可能被对方找到破绽，进而攻破。被紧盯、被联防、被牵制，是球场上任何球员都头疼的事情。在他感觉到最困难的时候，队友和观众大声地喊起"'欧牛王'——'欧牛王'——"这声音像战鼓，一浪高过一浪，一下子让他找到了突围的力量。

对于人们给他"'村BA'球王"的称号，他谦逊得像九月成熟的稻穗。这是一份沉甸甸的荣誉，对于欧明辉来说，是压力也是动力。每每谈到这一场总决赛，欧明辉都在感叹，在现场山呼海啸般的呐喊助威声中，他的心都快跳出来了，太兴奋了。进攻和防守，他打得非常卖力，比赛上半场就耗去了大量体能，下半场时已经感觉到吃力。但他看了一眼球衣上的号码，一下子又充满了力量。

据欧明辉介绍，他之前的球衣一直是8号，因为8号是他的偶像科比·布莱恩特的号码。他非常喜欢，他希望自己能像科比一样成为一名篮球明星。因为喜欢篮球，他很早就开始关注美国职业篮球联赛（NBA）。

至于后面他选择用22号，是因为一段温馨的故事。他女儿是22号出生的，女儿出生后，虽然打乱了原来的生活节奏，但给他带来了无限的欢乐。为了这份温情，他就将球衣的号码由8号改为了22号。谈起这个号码，他说家人的信任和支持是他赛场上奋力拼搏的动力。赛场上疲惫的时候、生活中遇到困难的时候，看一眼球衣上的号码又浑身充满了力量。从8号改为22号，这不仅是一个号码的变换，还是他从为个人梦想而比赛上升到为家人、集体而拼搏的层面。

球场如战场。我和他探讨如何看待球场上的胜负，他说："有的人输了，会一蹶不振；有的人输了，反而会激发斗志！其实，有时候输赢也不是那么重要，重要的是全力拼搏的过程。"欧明辉应该算是一位有天分的球员，他能够从篮球里找到自信。

2023年6月20日，在万众瞩目的全国和美乡村篮球大赛（村BA）揭幕式上，甘肃省临夏回族自治州代表队与贵州省黔东南苗族侗族自治州代表队进行了一场友谊赛，欧明辉在开赛13秒时以一记三分球拿下"村BA"揭幕战首球，场内外欢呼雷动。"'村BA'球王"再现一条龙快攻，贵州省黔东南苗族侗族自治州代表队最终以73∶66的比分战胜甘肃省临夏回族自治州代表队。欧明辉说："揭幕战打得太累了，临夏回族自治州代表队的球员个个都

"村BA"：观察中国式现代化的一个窗口
—— 台盘村乡村振兴故事

"村BA"比赛过程中的趣味投篮（龙军 摄）

是高手，与高手对抗是学习的过程。"他打完比赛后接受采访时说："收到全国赛的通知后，我们准备迎接的是更强劲的对手，我们这支队伍很早就进行了训练，我们将以饱满的精神迎接对手的到来。临夏回族自治州代表队在黄河流域九省（区）首届农民篮球邀请赛中夺魁，能到台盘村来切磋球艺，是我们的荣幸。"

"如果不打球，生活要怎么才能过得下去？"这是欧明辉经常挂在嘴边的一句话，队员们彼此激励，相互促进。欧明辉对篮球的情怀和热爱已经渗透于生命之中。他身上体现出不服输，永不放弃的精神。

他一战成名后，"'村BA'球王"为更多人所熟知。经历过数次大风大浪的欧明辉已经回归平静，内心更执着于篮球运动这一份事业。为了传授篮球技术和传承篮球精神，2022年年底，他在县城开办了一个篮球培训班，主要目的是培养孩子们的兴趣和技能。开办篮球培训班是他一直以来的梦想，他要在娃娃的心中种下一粒热爱篮球的种子，他相信这一粒种子迟早会发芽、成长、开花。苗家人不服输和永不放弃的精神一定能传承下去。

"村BA"中的那些人

▶ 公正无私的裁判

<blockquote>
我有一个飞翔的梦

在生命的极限里

碰撞最炫目的火花

——题记
</blockquote>

这是一个少年的篮球梦想,一旦点燃,将迸发出无限的力量。

16岁那年,稚气未脱的吴小龙被叫上裁判席,那一刻,这个年轻人并不胆怯。吴小龙爱好篮球,喜欢钻研篮球,很早就懂得了篮球的比赛规则,对违例、暂停、换人、侵人犯规、技术犯规等判罚的基本要求和操作程序了然于心。这些裁判知识使他在判罚时沉着冷静。"第一次当裁判,那一年我才16岁。刚开始还有些紧张,但想到公平公正,一下子就坦然了。"吴小龙告诉我,他16岁当裁判时就不会因为和哪支球队关系好一点而偏颇。

吹罚公平公正,这是原则,并不因为彼此熟悉就有情面可讲。吴小龙道出作为一名裁判的心声。吴小龙指着球场边上的《台盘村篮球场管理制度》告诉我:"台盘村为什么有吸引力?作为主场办赛,关键是吹罚公平公正,人家才愿意前来参加。"村民们对吹黑哨、赌球的行为嗤之以鼻,他们希望在阳光下展示真实的水平。何况场外看台上的乡亲们多少懂得一些篮球的规则。不能忽悠观众,否则会得到一片喝倒彩的声音。

"村BA"：观察中国式现代化的一个窗口
——台盘村乡村振兴故事

吴小龙给孩子们上篮球课（吴小龙 提供）

目前，台盘村全村有6个持有篮球裁判证的村民，其中2人是国家一级篮球裁判，2人是国家二级篮球裁判。临时从观众席里拉个人出来，都能当裁判。

1991年夏天，吴小龙出生在台盘村一个农民家庭，高中毕业后顺利考入凯里学院，学习体育教育专业。大学期间，他除了上课外，其余时间都在打篮球，篮球场上洒下了他无数滴汗水。从台盘村走出去的这个年轻人，骨子里流淌着热爱篮球的血液。"整个假期，基本上没有休息一天。"由于为人正直，吹罚公平公正，吴小龙多次受邀为各乡镇举办的篮球赛当裁判。每年的球赛都会让他的假期过得非常充实。"不管怎么忙，每年我都要抽时间和村里一道组织'六月六'吃新节的篮球比赛。"吴小龙说他自己还要作为队员上场打比赛。

当初那个爱好篮球的少年已经长大。吴小龙现在是台江县城关二小的体育老师。我想不到眼前这位31岁的体育老师已经拥有15年的篮球裁判经历。孩子们非常喜欢篮球，他有组建一支由台盘村学生组成的篮球队的想法。吴小龙激励他们热爱篮球、热爱生活，更好地把台盘村篮球精神传承下去，发扬光大。

如何传承台盘村的篮球文化？这是吴小龙思考得最多的问题，他觉得这是份责任，他感觉到肩上有压力。

"'六月六'吃新节篮球赛事对于我们台盘村来说，是一个团结年轻人的比赛，是凝聚整个村寨力量的比赛。"对于每年乐此不疲地组织篮球赛的原因，吴小龙有自己的看法。他说以前是自己村子内部打比赛，这些年吸引了不少外村的篮球队前来参加比赛。2022年夏天火爆"出圈"的"村BA"，不仅使国内外观众看到了贵州各民族积极向上、勇于拼搏的精神，也看到了台江县的民族文化魅力和未来发展前景。

吴小龙说："别人有篮球啦啦队给赛场缓解紧张的气氛，我们也有自己的特色啦啦队为队员加油鼓劲。每次篮球赛，观众都热血沸腾，掌声雷动。特别是中场休息的时候，各民族同胞穿着盛装，跳起了反排木鼓舞，唱起了苗族飞歌和侗族大歌。篮球场上刮起一阵最炫的'苗迪'民族风，让现场气氛一次次达到高潮。"黔东南苗族侗族自治州的各民族同胞在长期的生产和生活积淀中，创造了自己独特的民族文化。在篮球比赛过程中穿插的民族歌舞表演，让观众感受到了黔东南苗族侗族自治州丰富多彩的"非遗"文化魅力，对宣传旅游资源起到极大的作用。绚丽多彩的服饰、热情奔放的歌舞，充分展示了各民族同胞奔上小康之路的真实情感。

台盘村发生了翻天覆地的变化，土生土长的吴小龙感同身受。谈起这个苗寨的变化，他百感交集。"小时候村里都是坑坑洼洼的泥土路，天晴扬起尘土一片，下雨泥泞不堪，村民戏谑称之为'水泥路'。"吴小龙摊着双手，回忆起过去，他脸上露出痛苦的表情。"村民以前居住的房子都是低矮的木房，这几年在国家脱贫攻坚政策的帮扶下，村民们富起来了。大部分村民都修建了宽大、舒适的砖房，卫生条件得到了前所未有的改善。"吴小龙切身体会到村子发生的这些变化。吴小龙说："这些变化得益于党的惠民政策。农村生产生活环境得到了很大的改善。"

看到村民们富起来了，吴小龙很高兴。最让他感到高兴的还是村里篮球场的变化。2016年以前的球场狭小，而且只有1个，现在球场增加到2个，看台在原来的基础上增加了12排座位。扩建翻新后的球场不仅能同时容纳2万

"村BA"：观察中国式现代化的一个窗口
——台盘村乡村振兴故事

多人，还新增了运动员更衣休息室、淋浴室和卫生间。吴小龙告诉我，篮球场扩建时还特意修建了一间媒体接待室。2022年夏天，"村BA"篮球赛开打，无数媒体来到台盘村采访。他建议专门修建一间接待室，配齐办公桌、电脑和网络，方便现场直播和记者现场发稿。

2022年末，我采访了这位浑身充满活力的年轻小伙。我一直纳闷，是什么力量支撑起火爆"出圈"的"村BA"？我担心这个苗寨出名之后，是否有能力扛着这一份沉甸甸的荣誉继续前行？我生怕像篝火一样，先是旺盛燃烧，一旦熄灭就再也无法燃起。我从个人的角度出发，对这个苗寨的发展，进行了若干的假设，依然觉得信心不足。对于我的担忧，吴小龙自信满满地说："我们有义务把这种精神一代一代传承下去。通过不断学习，尽最大的努力把球赛办得更好，让广大的'村BA'的观众满意，让全国、全世界都知道台盘村

孩子们的篮球赛（曾皓飞 摄）

"村BA"中的那些人

的'村BA'。"吴小龙又自信满满地告诉我,不能忘了举办篮球赛的初衷。缺衣少食的年代都能把篮球赛举办得风风火火,现在物质条件充足了,作为新时代的年轻人,更要团结一心把台盘村建设得更加美丽,把篮球赛办得越来越好。

运动员休息室(姚瑶 摄)

这是一个地地道道的台盘村人的梦想,尽管这个梦想很小,却代表了一个苗族青年对新时代乡村文化的坚守和传承。从他坚毅的神情里我找到了答案,看到了这个苗寨美好的前景和未来。或许这就是乡村振兴的"文化密码"。村子里的年轻人以篮球为源点,凝聚了乡村的磅礴力量,为新时代的乡村振兴注入不竭的文化动力。

用篮球唤醒一个苗寨久远的、不甘落后的激情,用篮球改变一个苗寨的村容村貌,让全国观众知道在贵州省的一个偏远苗寨有让人怦然心动的"村BA",让更多的人了解一个偏远苗寨在乡村振兴路上的生活场景,这是吴小龙的初心和使命,是台盘村村民的初心和使命。

▶ 幽默风趣的解说员

> 虽然我不是主角，但仍充满魅力
>
> 我的存在，让整个舞台
>
> 呈现另一种可能
>
> 更加精彩纷呈
>
> 聚光灯之外，我没有孤独
>
> ——题记

1996年，王再贵出生于台盘村，他从小热爱篮球，是村里篮球队的主力，村篮球比赛的组织者之一，也是球赛的解说者。从小在台盘村长大的他，天生质朴，集体荣誉感非常强，梦想有一天能达到最高的篮球水平，为村里争得荣誉。小学和初中时，他大部分空闲时间都用在打篮球上。2013年6月，他以体育特长生的身份参加中考，一路过关斩将，考入了凯里一中。凯里一中良好的篮球氛围，对于王再贵来说，如鱼得水。尽管学业紧张，爱好篮球的王再贵还是通过选拔加入了校队，他把更多的时间用在打篮球上，参加过全省高中生篮球联赛，取得了第五名的好成绩。

2016年，他考入了广西理工职业技术学院。就读期间，他利用业余时间继续打篮球。大学校园的篮球场，留下了他很多的身影。大一期间，王再贵积极报名参军，如愿成为一名军人。在部队上他因篮球打得好，多次代表

"村BA"中的那些人

王再贵在介绍篮球比赛的情况（蔡兴文 摄）

部队参加篮球比赛。在军营中成长、摔打、磨炼，使王再贵的性格更加坚韧不拔，他对生活充满激情。离开部队，在广西完成学业后，他去了广东找工作。2021年9月，在广东打工两个月后，他回到了台盘村。王再贵感慨地说："广东再好也是异乡，如今家乡已经脱贫，回来在家门口找一份工作是很幸福的事。"

王再贵担任篮球解说员是出于对篮球的热爱，在讲解中能为家乡建设尽一份绵薄之力，自己是幸福的。"在台盘村，我们随时都可以打篮球。"王再贵说出了心里话，因为热爱篮球，所以坚持打篮球，他们年轻一代一定会把台盘村篮球文化传承下去。王再贵感叹地说："我们村的球员技术水平高，这与台盘村的篮球历史有极大的关系。从小用仰望的视角看父辈打篮球，心里满是崇拜。台盘村村民对篮球情有独钟。"王再贵说起一个故事，前两年贵州"球王"吴俊来到台盘村打篮球，村民为了观看他的篮球赛，一直等到凌晨五点半。为了不让球迷失望，那一场球赛一直打到天亮才结束。"天亮文化"从此

"村BA": 观察中国式现代化的一个窗口
——台盘村乡村振兴故事

发扬光大。

"2022年'六月六'吃新节篮球比赛期间，王再贵义务进行比赛解说，这是一个练口才、练胆量的机会。"驻村第一书记张德告诉我，王再贵是个"热心肠"，乐于为村里作贡献。年轻人传递的都是正能量。虽然不能在球场上奋力拼搏，但是他总会展现出自己幽默风趣的一面。"现在是绰号'台江牛王'的22号球员欧明辉，你看他一记'猴子捞月'就轻松拿下2分。"王再贵不断切换普通话和贵州方言，妙趣横生的"双语"解说引得观众哈哈大笑。观众激情不断地发出"123——呜——"的声音，为球员加油、为球赛造势。王再贵说："太入戏了，看台上的观众欢呼声一浪高过一浪，有的观众手掌拍得通红，连从家里拿来鼓劲的铝盆都快敲烂了。"

为了讲解好每场比赛，球赛开打之前，王再贵都会对每一位球员的体能、个性、爱好逐一进行分析、总结，事先写好文案，赛前准备一丝不苟。"这些年认识的本土球星，我对他们的性格、爱好掌握得清清楚楚，结合他们的故事和绰号互动一下，把文案贯穿于球赛解说中，这样气氛就起来了。"王再贵说，这样互动的效果非常好，调动了球场内外的气氛，球员听到了更加兴奋，观众听到后喊得更加卖力。为了把球赛解说得更有特色，王再贵对苗族文化进行了搜集、挖掘、整理，以补齐自己的短板。在篮球赛现场，王再贵说："把五彩'姊妹饭'送给现场观众，让他们能够体验和品尝我们的美食，也希望大家幸福安康、家庭美满。"

王再贵采访获奖村民（曾皎飞 摄）

"村BA"中的那些人

我正在采访王再贵的时候,他的手机响了,铃声是一首《孤勇者》:

为何孤独不可光荣

人只有不完美值得歌颂

谁说污泥满身的不算英雄

……

他把这首歌作为手机铃声,我已经感受到了他的用意。谁说站在光里的才是英雄?尽管不能在球场上比拼,他也不在意。王再贵说,把每一场球赛解说好,能引起观众的共鸣,那就是成功。一场成功的篮球比赛,需要一名成功的解说员,只有成功的解说员,才能够将球员和观众的气氛带上去。精彩的解说可以让观众在观看比赛的同时,把自己融入球赛氛围之中。这样球员和观众就能形成良好的互动。观众的心跳随着篮球的"咚——咚——"声而律动。

再次接触王再贵,是在2023年6月20日全国和美乡村篮球大赛(村BA)的揭幕式上,他身着"苗王服",帅气逼人,成为记者镜头下的"宠儿"。

现在作为解说员的王再贵,虽然在聚光灯之外,但依然引人注目。他在解说过程中时刻提醒自己不偏向任何一支球队,保证比赛的公平公正。作为一名解说员,他需要做到的就是公平,这样才能让球员和观众满意,赢得大家的信任。

2023年,全国和美乡村篮球大赛(村BA)在台盘村揭幕。这对王再贵来说既是一次锻炼解说能力的机会,也是一种挑战。"以前都是我们本地的球队在打,我解说时心理压力不大。这次是全国性的比赛,我非常兴奋,同时感觉压力很大。"王再贵说,虽然解说的压力大,但也是职责所在。所以针对这一次讲解,他的干劲非常足。他不仅用幽默有趣的解说语言,让观众能看懂篮球比赛,还把球场的氛围营造得恰到好处,让现场的加油助威声响彻整个山村。赛

"村BA"：观察中国式现代化的一个窗口
——台盘村乡村振兴故事

幽默风趣的解说，受到观众欢迎（曾皎飞 摄）

场上别样的解说风格，轻松幽默、独具民族特色，让王再贵收获了不少"粉丝"。

说到王再贵，村民们竖起大拇指称赞。他们说台盘村的篮球赛，自从他来解说后，氛围更加热烈，在他解说下的每一场球赛都异常精彩。他常说："一个人的生命是有限的，我就是要在这有限的时间里活出精彩。"王再贵把解说当成了事业，从生命的高度去理解篮球。

"村BA"火爆后，王再贵开始做起了抖音直播。"要让更多人知道我们这里的球赛，向网友分享我们的生活状态。比如聊一下球员的特点，新老球员对比等。"球赛开打的那几天，他的抖音"粉丝"数量涨得很猛。"目前'粉丝'还不多，接下来我会好好地运营这个抖音账号。"王再贵很谦虚地说："下一步村里有好的特产，比如金秋梨、放养的鸡鸭、土蜂蜜、台江县鲤吻香米、鲟鱼等，我可以直播带货，让我们村的特产像'村BA'一样'走入'平常百姓家，帮助村民致富。我还想把台江县农特产品的特卖会场搭建到台盘村'村BA'篮球场，将丰富多样的'黔货'作为优胜参赛队伍的奖品，借助篮球赛事带动农特产品'出山'。"

王再贵说："把台盘村推向全国乃至世界，是我们这一代人的使命和责任。一名成功的解说员，就是一个文化传播者。"张德告诉我，王再贵在向观众解说球赛的同时，也大力宣传了民族文化。

"村BA"中的那些人

▶ 返乡创业者的忙碌

        外面虽然辽阔
        却比不上家乡巴掌大的天
        浮萍游踪不定
        它在寻找水源
        寻找根生长的地方
        源头是家的方向

——题记

天刚蒙蒙亮,杨斌就起来跑到街边菜市场去了,他要选购足够餐馆一天使用的食材。早一点去菜场,总有意想不到的收获,比如新鲜的野菜、河鱼和蘑菇等。他的妻子在前一天晚上就把需要采购的食材列了一个清单。这是杨斌夫妻俩的日常。杨斌一大早出去采购之后,他的妻子留在店里打理货架和收拾餐馆,

杨斌(左)接受采访(刘开福 摄)

"村BA"：观察中国式现代化的一个窗口
——台盘村乡村振兴故事

可以预料得到，中午饭点会出现一个人流量的小高峰。店面不大，却干净整洁。

杨斌天生爱笑。他乐呵呵地告诉我，这栋房子是前几年打工赚钱回来修的，一楼开小卖部和餐馆，二楼可以作民宿，三楼自己住。"村BA"火了，靠勤劳可以在家门口致富，真好。

"2018年是我创业的一个分界点。"杨斌说，那一年结束了在外打工的生活，回到了家乡台盘村。杨斌夫妻俩之前常年外出务工，2018年结束了候鸟般的生活回到了家乡，目前经营着一家小卖部和餐馆。

"打工就是听老板的，老板安排做什么就做什么，没有一点自己的思想。"杨斌看到每家每户都富了起来，心里暗暗激动，夫妻俩2018年就下定决心留在家乡创业。

"以前在外打工一年收入就是一万元左右，回来后每年收入都能接近两万元。"杨斌做了一个对比，思路决定出路。

"2022年是一个新的起点。"杨斌告诉我，"村BA"火爆之后，他的目光看得更远，他认为当年选择留下来是正确的。

别小看这间集小卖部和餐馆于一体，面积不足20平方米的店铺，在2022年"村BA"期间，它在后勤服务、接待球队、安排伙食等保障工作方面上发挥了重要作用。"村BA"火了以后，杨斌的收入也实现了翻番。

"哪里会想到突然涌入这么多人。"杨斌说，

"村BA"官方线下体验店（曾皎飞 摄）

"村BA"中的那些人

"村BA"文创产品（曾皎飞 摄）

篮球赛刚开打的那天他就预感到商机已经来临，他忙联系配送矿泉水、饮料的老板，抓紧备货送货。自己每天早上采购时多备了些菜，叫肉铺多备了几十斤猪肉。

杨斌思维灵活，有经济头脑。他介绍："2010年修这栋房子时，周围都是田地，人们住的都是小木屋。2018年我回来后发现，田地变成了篮球场，每家每户住的都是两层楼的砖房，我看到了村子的未来，便下定决心回乡创业。"

"2022年'村BA'火了以后，收入更是翻番，我一天卖水和饮料都能卖出七八十箱，8个大冰柜都不够用。那几天每天收入超过3000元。"杨斌说，如今看到"村BA"一年比一年办得好，他对自己以及村子的未来也更加有信心。

杨斌说："比赛那些天，我忙得焦头烂额，为了增加人手，还叫了两个亲戚过来帮忙。尽管我们一大早就开始准备火锅食材，但还是不够吃，人太多了。有时篮球赛打到半夜，餐馆也开到半夜。"杨斌坦言，开餐馆非常辛

"村BA": 观察中国式现代化的一个窗口
——台盘村乡村振兴故事

苦，忙起来的时候，自己到凌晨四五点都还没有睡觉。

杨斌本身也是一名篮球爱好者，年轻时候大部分空闲时间都花在了篮球场上。如今，在篮球比赛期间，他连去现场看比赛的时间都没有，尽管他的餐馆与球场只隔着一条马路。"不管生意去看球赛，哪能行呢？"杨斌告诉我，人家大老远跑来看球赛，为的就是感受"村BA"的氛围。作为台盘村人，更应该把看比赛的好位置留给客人，这是待客之道。杨斌的话说出了当地人的心声。

"村BA"比赛期间，台盘村充满了人气，带动了地方经济发展。球场外一字排开的美食街热闹非凡，有游客发抖音说除了看球赛外，还享受了苗家的美食。村里的五金店每天都能租出去好几把铝合金人字梯，塑料凳子卖出去数十个。美食广场、宾馆的人气高涨。台盘村的村民收入实现翻番。

台盘村"村BA"火爆"出圈"，让台盘村的发展有了更多的可能性。

远眺巴拉河（曾皎飞 摄）

"村BA"中的那些人

"目前,台盘乡借助'村BA'的热度,将台盘村及周边的阳芳村、平水村、红光村等村寨联合起来抱团发展,力争打造成具有当地特色的篮球小镇。"台盘村村委会主任、篮球协会会长岑江龙信心满满地说道。

巴拉河是黔东南苗族侗族自治州境内清水江的支流,发源于国家级自然保护区和国家级森林公园——雷公山,沿河两岸的苗族村寨保留着古色古香的民族风情。河水一路不缓不急地东去,滋润着沿岸的大千万物,最终汇聚于海。这条缓缓东去的巴拉河,在台盘村刻意转了一个弯,自然形成的河湾成了人们垂钓休闲的良好去处。微波荡漾,夕阳给人留下了太多的遐想和无限的思考空间。这条巴拉河绕台盘村而过,承载着无限的希望。

"发展'河滩经济'是一条不错的出路,整个夏天都可以在巴拉河岸边搞烧烤,体验农家乐,这样可以带动周边村镇的旅游产业发展。"张德望着青山掩映下的巴拉河若有所思。

一个传统的苗族村寨即将华丽转变为篮球小镇,这是大家的期待。岑江龙兴奋地告诉我,下一步将整合篮球协会资源,把年轻人组织起来,创业致富,把家乡台盘村建设得更加美好,让杨斌及更多的年轻人回来就再也不外出了,为家乡的振兴带来新观念、新的技术、注入新的活力。新时代的乡村在召唤他们。

"村BA": 观察中国式现代化的一个窗口
——台盘村乡村振兴故事

▶ 元元之民的诚信

诚，天之道

信，人之本

有诚乃大

在中国传统美德的字典里

我们把这两个汉字

无限写大

——题记

多年前，发生在黔东南苗族侗族自治州的一则新闻，至今让我记忆犹新。

蔬菜放在菜篮子里，顾客看上了哪样蔬菜，估摸下价钱后就把钱放到菜篮子里，直接将菜拿回家。这则新闻发生在雷山县望丰乡望丰村。为了方便干部、教师和乡邻，也为了将多产的蔬菜卖出去，21世纪初，望丰村村民在村委会办公室旁自发搭建了这个简易的菜市场，可是菜摊旁却没有摊主。

我向曾经在这个乡镇工作的一位兄长打听此事的虚实。他高兴地告诉我，望丰村无人卖菜的经营模式已经延续了近二十年。每天清晨，当地村民把从地里采摘下来的新鲜蔬菜挑到菜市场整齐地摆好，然后就回家忙自己的家务去了。等有空了，他们再去把菜篮子收回家，筐里有多少钱也不在乎。

"村BA"中的那些人

无人值守的菜摊已经成了望丰百姓的一种默契、一种诚信的象征。这个故事在黔东南苗族侗族自治州流传甚广,大家以此为榜样。无人值守的菜摊,体现了诚信之道。

如今,台盘村的村民们也上演了暖心的一幕。驻村第一书记张德在听到我谈论的这则新闻时,非常激动。他说:"我们村子里有一位老人,情况和这有些相似。"70岁的杨文先老人是台盘村几十年的老屠户了。这些年,他一直在台盘村卖猪肉,生活过得不紧不慢,大部分时间都在周边村寨溜达,说是溜达,更多是找机会打探哪个村子有熟食喂养大的黑毛猪。一旦遇到好的黑毛猪,杨文先老人就会去找主人家商量购买的事。

老人把黑毛猪赶回家后,会煮熟食喂养一段时间。杀了猪以后,他再拉到台盘村的市场上去销售。如果遇到赶集天,老人会更加忙碌,不少顾客会买一些猪肉回去改善伙食。

老人心地善良,以前大家经济条件都不宽裕的时候,有的村民来买猪肉,找他砍价,砍到价格低得不能再低了。只要不亏本,多赚一元和少赚一元,他都不计较。

遇到穷苦的人家,他常常把猪血、猪下水送给别人,一分钱不要。他是同行中最慷慨的一个,他的举动常遭到同行嘲笑,说他做人太过于老实,会吃大亏。他嘿嘿一笑,坐在凳子上,满脸惬意。他为人诚恳,卖肉童叟无欺,从不缺斤少两,大家都信得过他。他的生意特别好,一头两百多斤重的黑毛猪一天内就可以卖完。

2022年夏天,老人一如既往地在街上卖肉,也不用吆喝。总会有老主顾过来,陪他聊聊篮球,聊聊家长里短,然后买上一块肉,高高兴兴地回家。

他想不到台盘村的篮球比赛会突然之间火爆。

老人家去过最远的地方是台江县城,外面世界的变化他不太清楚。篮球

"村BA": 观察中国式现代化的一个窗口
——台盘村乡村振兴故事

赛会突然之间火爆，让他感觉到台盘村与往日不一样了。一到球赛季，来自全国各地的游客挤满了街道，让整个台盘村变得热闹起来。游客们总是客客气气，欢声笑语。"六月六"吃新节篮球赛开打了，欢呼声此起彼伏，球场上非常热闹。杨文先老人听到球场的声音就"脚板发痒"，这位爱看篮球赛的老人已经坐不住了。

"呜——呜——"激动人心的欢呼声"撩拨"着他。

不去看球赛太遗憾了。杨文先看着其他的同行，他们专心致志地守在肉铺前，各忙各的，大家都顾不上眼前这个老人内心发生的巨大变化。

老人决定去看球，他的心思全部在球场上了。他顾不上肉摊还没有卖完的猪肉。老人把电子秤、收款二维码和刀具放在猪肉摊上，交代同行几句，如果有顾客来买肉，叫他们自己选，喜欢哪里砍哪里。然后老人就跑去看球赛了。杨文先老人好不容易在看台上找到一个观球的位置，一看一整天，中午饭都没吃，他担心一旦离开，好不容易得到的位置就没有了。

有顾客需要猪肉，自己用刀切一块，放在电子秤上称一称，计算出金额，直接用手机把钱付到老人账户上，自己便带着肉微笑着离开了。

球赛结束后，杨文先老人心满意足地回到摊位上，案桌上的猪肉已经售完，查看微信，钱款如数到账。看着顾客们买完猪肉，还帮他把案桌收拾得干干净净，老人心里乐开了花。

"都是本村本寨的老熟人，我相信我们苗家人都是耿直的。"杨文先老人说台盘村的人都老实本分，大家都互

村民采购日常用品（张德 摄）

相信任。

"诚信是我们这个社会赖以生存的道德基础。"张德说。诚信是做人的基本原则和道义，杨文先老人和村民都是有道义之人，值得我们敬佩。

杨文先（右）接受采访（刘开福 摄）

苗族自古以来受传统伦理文化的熏陶，认为"待人要谦恭诚恳，处事讲忠心信用"。我们可以在《苗族古歌》《理词》《古老话》《议榔词》《谚语·格言》等文字记载里，找到教导人们重诚重善处世、忠诚正直待人的字句。比如苗族《理词》记载："真就真实实，直就直溜溜。"苗族谚语中常常这样说："相互合作事业才兴旺，共同管理地方才平安。"在这些并不华丽的理词、谚语里，无不生动形象地表达了苗族是一个淳朴善良的民族。

张德说："民无信不立，商无信不兴。靠的是互相信任，真诚相待。台盘村有淳朴的民风、良好的治安、文明的乡风，这些强大的'基因'为建设诚信文化奠定了良好的基础。"

当地村民的诚信精神，契合《孟子·离娄上》关于"诚"的描述：

悦亲有道：反身不诚，不悦于亲矣。

诚身有道：不明乎善，不诚其身矣。

是故诚者，天之道也；思诚者，人之道也。

至诚而不动者，未之有也；不诚，未有能动者也。

这两个真实的案例，无疑是一道良心考题。诚是天的原则，追求诚实是做人的原则，真诚肯定能感动别人。

"村BA":观察中国式现代化的一个窗口
——台盘村乡村振兴故事

秋收后的田野（曾皎飞 摄）

"文化强则乡村强，文化兴则乡村兴。"张德说。乡村振兴离不开乡村文化振兴，诚信文化也是打开乡村振兴的密码。诚信道德在乡村治理中发挥着巨大的作用。诚信文化是保持乡村社会和谐稳定、构建乡村良好秩序并让广大人民群众过上美好生活的前提和保障。

韩愈说过："然则古之所谓正心而诚意者，将以有为也。"是的，这种诚信文化根植于台盘村，根植于广袤苗乡，已经有了深厚的根基。肥沃的文明土壤，一定会让诚信精神发扬光大。

"村BA"的未来

"村BA": 观察中国式现代化的一个窗口
——台盘村乡村振兴故事

▶ 从台盘"村BA"到中国"村BA"

孤独、沉默、隐忍和坚持

熬过漫漫长夜，我在蓬勃的春天

醒来，实现伟大的蜕变

一株小草也有春天

一朵小花也将绚烂大地

华丽转身的背后

是持久的梦想和情怀

——题记

黔东南的七月是一年中极富生机的时节，抬眼望去到处都是翠绿的庄稼。相对来说，这是个属于农闲的时段。我从台盘村村委会了解到，2023年台盘村"六月六"吃新节篮球赛将于7月15日开打。恍然间回想，"村BA"火爆"出圈"已经一周年了。

2022年夏天，台盘村"村BA"火爆后，被中央广播电视总台、人民日报、新华社等各大媒体无数次聚焦。"村BA"热潮席卷全国各地，引来八方关注。台盘村"村BA"篮球赛的成功经验，成为乡村体育助推乡村振兴的样板。

2023年初，这项火遍乡村的篮球赛打造升级版，上升为全国赛事。2023年6月7日，农业农村部办公厅、体育总局办公厅联合以农办社〔2023〕7号

"村BA"的未来

观众摇旗欢呼,点燃爱国热情(姚顺韦 摄)

发文《关于举办全国和美乡村篮球大赛(村BA)的通知》,确定在贵州省台江县举办首届全国和美乡村篮球大赛(村BA)总决赛,届时首届全国"村BA"的总冠军将在台盘村产生。台盘村"村BA"升级为中国"村BA",标志着这项乡村篮球赛,已成为一项全国性的农民篮球赛。

从"村赛""州赛""省赛"到"国赛",让人感慨万千。这一重磅消息传到台盘,整个村子沸腾了。村民们奔走相告,喜讯传遍了他们的微信朋友圈。

"就像想不到'村BA'会突然火爆一样,这一次从台盘村'村BA'到中国'村BA',也是意想不到的。"台盘村驻村第一书记张德说,这是国家从更高层面对我们的肯定,也是乡村走向振兴、乡村篮球走向辉煌的实例。

那一晚,张德约了岑江龙、李正恩等几位篮球主力,在村委会旁边的饭馆喝酒庆贺。细心的老板杨斌发现,他们的眼眶里充盈着激动的泪花。他们大声说话大口喝酒,以掩饰自己的"窘态"。杨斌特意加了一份酸汤牛肉,

"村BA"：观察中国式现代化的一个窗口
——台盘村乡村振兴故事

2023年3月27日，黔东南苗族侗族自治州代表队获得贵州省首届"美丽乡村"篮球联赛总决赛冠军（龙军　摄）

提着一壶酒也加入他们欢乐的喝酒行列。酒至微酣时，杨斌唱起了敬酒歌："苗家的酒歌唱起来咯/一二三四你干一杯/干一杯/干一杯……"

他们分享快乐，畅想未来。夜深了，他们还不愿意散去。"咚——咚——"球场上依然有篮球声。那一晚，他们枕着催人奋进的"咚——咚——"声，失眠了。

在众多掌声的背后，一大难题就摆在了台盘村人的面前。中国"村BA"怎么办赛？升级版"村BA"如何保持"村味""野性"和纯粹？张德说："既要守住'村BA'初心，又要保持原汁原味，还要促进'村BA'的发展。这是台盘村人最朴素的愿望。"

"升级为国家级赛事，当然是一件大好事。"岑江龙告诉我，但接下来有很多工作要提前谋划，比如台盘村的接待能力、后勤保障、赛事安排等。要想把这一件大好事办成，需要各方付出巨大的努力。这对台盘村而言，的确是一个考验，一个前所未有的挑战。

"村BA"的未来

在较短的时间内，台盘村"村BA"就拥有了万级的现场观众人数，亿级的网络搜索量，进而成为全国性赛事。岑江龙对此表现得特别兴奋和激动。村级办的球赛升级到国家级赛事，仅从这一点就可以看出，社会各界对台盘村的热爱和期待。他相信，他们有能力和信心把球赛按高标准办好。

岑江龙还介绍，在全国和美乡村篮球大赛（村BA）中，西南赛区半决赛、西南赛区总决赛以及全国总决赛都在台盘村举办。近期，当地还有很多农民自发组织的地方赛事。接二连三的赛事，倒逼他们重点提升服务能力和水平。借助本次全国赛事的契机，不断完善当地基础设施，补齐短板项目，提高办赛水平和旅游接待能力。

各种赛事的举办是为即将到来的全国和美乡村篮球大赛（村BA）总决赛升温，也是对承办这次全国性赛事能力的检验。到时大量外地游客涌来，接待和安保将面临严峻考验。台江县人民政府提出要求，要进一步加强赛事组织，做好交通、安保、气象监测、医疗、卫生等保障工作，强化风险防范，提高应急管理水平。

2023年，在台盘村举办的篮球比赛有五项。第一项是3月已经举办的贵州省首届"美丽乡村"篮球联赛总决赛，第二项是6月20日举办的全国和美乡村篮球大赛（村BA）揭幕式，第三项是台盘村传统的"六月六"吃新节篮球比赛，第四项是全国和美乡村篮球大赛（村BA）西南赛区的半决赛、总决赛，第五项便是全国和美乡村篮球大赛（村BA）的总决赛。东北、东南、西北、西南四个赛区各角逐出两支代表队伍，8支队伍将参加在台盘村举行的总决赛。

岑江龙作为台盘村篮球协会会长多次接受媒体采访，对台盘村"村BA"升级为中国"村BA"充满了信心，并提出了自己的看法：坚持"村BA"品牌良性发展，坚持"村BA"姓"村"，坚持以农民为主体，群众的事交给群

"村BA": 观察中国式现代化的一个窗口
——台盘村乡村振兴故事

众办……就一定能把全国和美乡村篮球大赛（村BA）总决赛办成老百姓喜闻乐见的赛事。

台江县文体广电旅游局体育中心主任李文鹏在接受采访时说："要在赛事组织、安全保障、工作能力、接待水平、文明有序等方面做足文章，全方位服务好参赛球员、现场观众和外来游客。台江县举全县之力办好赛事，当务之急是开发一条'村BA'旅游精品线路，写好'吃'的菜单，做好'住'的准备，接通'行'的路线，丰富'游'的文章，充实'娱'的内容，带动'购'的提升，全面推动旅游产业发展。"

"村BA"火爆之后，带来的不仅仅是对于乡村文化的影响，也给当地旅游、经济等方面带来了巨大的红利。"台盘村的篮球赛不仅打出了品牌，还有力带动了乡村旅游。"台江县农业农村局局长何世彪在接受媒体采访时介绍，乡村篮球赛事已经成为响亮的招牌。台江县正积极推动"农文体旅"融合发展，加快发展县域经济。

当然，我和村民们一样，心里还有隐隐约约的担心。

"外界突然从中插入一'脚'，'村味'还在吗？"

"会不会有请外援的？比如户口转入农村获得比赛资格？"

在互联网上，无数关心赛事的网友也争论得热火朝天。

"这不是'村BA'了，变味了。10月总决赛，那时正是农忙时间，有谁在收稻谷的时候搞比赛？"

"各种商业化元素肯定会涌进来。"

"这还是老百姓自娱自乐、单纯的篮球赛吗？"

"刚开始还是好的，慢慢就会变味了。"

……

对"村BA"升级为全国性农民篮球赛一事，中央广播电视总台《新闻

"村BA"的未来

1+1》栏目专门采访了温州大学体育与健康学院易剑东教授。易教授和当地人一样，也担心在篮球比赛中可能会有资本的注入，或者受奖金、奖品等因素的影响，导致各个地方参与的动机发生偏离。另外，在选手的参赛资格方面，他担心可能会有人钻空子，甚至会有一些身份造假的问题产生。未来还有可能会因过多的干预和管理，导致自由、自发、自愿乃至自费的一项运动有太多其他的因素掺杂其中。

事实上，比赛的主办方对此已有充分的准备，并对赛事进行了妥善的安排。此次大赛分基层赛、大区赛和总决赛三个阶段进行。官方对此次参赛资格也进行了详细的说明：在中国出生且具有中国国籍；居民身份证和户口簿

深山音乐会火热开唱（曾皎飞 摄）

"村BA":观察中国式现代化的一个窗口
——台盘村乡村振兴故事

均显示其住址在乡镇及以下（集体户口不能参赛），且户口迁入时间须满一年（2022年5月30日前迁入）；年龄在18至50周岁之间（1973年1月1日至2005年12月31日之间出生）；曾在中国篮球协会的中国职业篮球联赛、全国男子篮球联赛注册过的球员不得参赛。以上要求如有违反，将取消该队员所在队伍的参赛资格。主办方对办赛原则进行了重点说明：坚持以农民为主体、坚持务实简约、坚持安全有序、坚持农趣农味。来自官方的声音让我吃下"定心丸"。我想，我的担心是多余的。

2023年6月20日，全国和美乡村篮球大赛（村BA）在台盘村揭幕，贵州省黔东南苗族侗族自治州代表队与甘肃省临夏回族自治州代表队燃情开战。功勋教练宫鲁鸣，篮球"战神"刘玉栋，中央广播电视总台主持人于嘉等嘉宾齐聚台盘村，共同见证了"乡村篮球比赛+民族文化展演"的盛况。

两万人的观众席人气满满，热闹非凡：草帽组、雨伞组、举大旗组一起上阵，嘴里狂喊着"村BA"特有的口号"呜——呜——"现场有杨梅酒、五彩糯米饭、水果、粽子等食物，充满人间烟火味。还有趣味篮球赛、三对三篮球对抗赛，先来预热场子。稻田鱼、鸭子、粽子等，"村味"十足的奖品吸引了观众的目光。万人露天坝响起了被誉为"清泉般闪光的音乐"的侗族大歌，还有苗族歌手现场激情弹唱，热情奔放的"东方迪斯科"苗族反排木鼓舞，以及身穿民族服饰的篮球啦啦队大合唱更是让人激动万分。来自黔东南和黔南的小朋友进行了20分钟的U10（10岁以下）少年组的垫场赛，寓意后来居上、未来可期。这场篮球大赛的揭幕式是对台盘村的接待能力、服务水平等方面的综合考验。

7月23日晚，全国青联常委、广东省青联副主席、国内知名篮球教练杜锋空降"村BA"万人球场，与村民蹦"苗迪"，为赛事开球。他化身助农主播亮相"看'村BA'，买好黔货"直播间，推动"黔货出山"。来自广

"村BA"的未来

东的青年企业家还在现场为赛事呐喊,为公益下单。

7月24日,美国篮球名将斯蒂芬·马布里现身台盘村"村BA"现场。他腰缠苗族花带,随着音乐翩翩起舞,为现场球迷献唱了一首中文歌曲《月亮代表我的心》。他还在"村BA"现场对青少年篮球爱好者进行了技术指导并参加了"村BA"比赛中场互动环节的技巧挑战赛,与现场观众"切磋"球技。

甘肃省临夏回族自治州代表队球员分享台江美食"姊妹饭"
(龙军 摄)

民族要复兴,乡村必振兴。习近平总书记在广东考察时强调,推进中国式现代化,必须全面推进乡村振兴,解决好城乡区域发展不平衡问题。实施乡村振兴战略,是党中央作出的重大决策部署,是全面建设社会主义现代化国家的重大历史任务,是新时代"三农"工作的总抓手。新时代十年来,乡村振兴扎实推进,农村面貌明显改善,农业农村现代化迈上新台阶。

今天,我们放眼广袤的农村,已经有了巨大的变化。在这巨大变化之下,我们享受着新时代十年带来的成果,希望的田野充满了生机,发展潜力无限。风靡全网的"村BA"成为观察中国式现代化的一个窗口,蕴含着乡村产业振兴、文化振兴的美好前景。据网易新闻报道:在超越赛事价值的同时,"村BA"逐渐成为展示家乡风采、传承乡土文化的平台,促进了"农文体旅"深度融合,开拓了乡村消费新空间,也呼唤着更多人,记住乡愁、关注乡村、聚在乡村、回到乡村。

"村BA": 观察中国式现代化的一个窗口
——台盘村乡村振兴故事

"全国'村BA'总决赛在台盘村举行,是2023年年初农业农村部提出举办全国'美丽乡村健康跑'等农民体育品牌活动的具体实践。"张德说,从2022年夏天火爆的"村BA",到2023年夏天火爆的"村超",是贵州人在以自己的方式贯彻落实中央精神。

我写到这里的时候,窗外正传来一曲熟悉的《在希望的田野上》。

  我们的家乡

  在希望的田野上

  炊烟在新建的住房上飘荡

  小河在美丽的村庄旁流淌

  ……

振奋人心的旋律再一次振奋着我。

源于热爱,种下了梦想。"如今,乡村篮球赛升级为全国性赛事,这个梦做大了。"岑江龙感叹,"村BA"的灵魂在于"村","村BA"始于台盘,不止于台盘。

"村BA"已经走向全国。

"村BA"的未来

▶ 奔跑吧，我和我的村

请允许我，把早晨的太阳写进诗里

请允许我，把傍晚的彩云写进诗里

如果还可以，请允许我

把一碗酒就可以欢乐一天的小村庄

把一个篮球就可以点燃全部激情的小村庄

完整无缺地写进诗里

——题记

2006年，《白狐》这首歌在大街小巷传唱，但大多数黔东南人并不知道作词者近在眼前。作词者玉镯儿，原名孙红莺，黔东南苗族侗族自治州丹寨县人，现担任丹寨县文化馆馆长。孙红莺一直为家乡黔东南的发展提供音乐方面的支持，创作歌曲数十首，比如《家乡的味道》《千年侗歌》《谷雨天》《跨越山海来相见》等，为黔东南民族歌舞剧《珠郎娘美》《锦绣丹寨》《天堂树》等创作主题歌和插曲，也为其他地方写下了很多旅游宣传的歌曲。

丹寨县是孙红莺从小生长的地方，这里有着让她挥之不去的故乡情，她深深地爱着这块土地。她创作的这首《我在贵州等你》红遍大江南北。

等到天都蓝了，等到云都白了；

等到每缕微风，都带着醉意；

"村BA":观察中国式现代化的一个窗口
——台盘村乡村振兴故事

建于1985年的台盘大桥,见证历史发展(曾皎飞 摄)

等到花都开了,等到山顶红了

等到每颗星星,都为你亮起

我在贵州等你,等你和我相遇

等待如此美丽,嘿久

音乐的力量,可以穿透心灵的壁垒,走向内心深处。这首脍炙人口的歌曲《我在贵州等你》里面有一句"等到山顶红了",这山就是丹寨县的龙泉山。孙红莺说,每年春天看到龙泉山上盛开的杜鹃花,都会浮想联翩。蓝天下,红色的杜鹃花在山坡上蔓延,总有辽阔的意境。土生土长的孙红莺创作这首歌词时得心应手,仿佛神来之笔。当年,这首歌获得了"多彩贵州"歌词创作大赛二等奖。

丹寨这块神奇的土地给了孙红莺无限的创作灵感,她在"民族风""现代风"的歌词创作中游刃有余,不断推出佳作,其中《家乡的味道》《我在

"村BA"的未来

贵州等你》《天下苗家》堪称代表作。

"为什么我的眼里常含泪水？因为我对这土地爱得深沉……"成名后的孙红莺原本可以到条件更好的地方工作，比如凯里、比如贵阳，可她哪里都不愿意去。在她眼里，只有眼前的这块土地最亲，远离尘世喧嚣的小县城才是她灵魂安放之所。她常说："正是家乡的山山水水和多元的少数民族文化，激起我创作的灵感和激情。"就像她在新创作的歌曲《和世界握手》里写的那样：

来自青山绿水的问候

来吧，我们和世界握手

用我们的所有去守护

每一座山川

每一条河流

2022年1月，孙红莺和音乐人张超应邀为贵州省"美丽乡村"篮球联赛创作主题歌《奔跑吧，我和我的村》。

千山绿　万水清　喷薄的朝阳

稻田风　谷时雨　陪伴我同行

翻过山　越过水　相聚在这里

向着未来去出发　我们一起拼

一条路　千颗心　追梦的身影

锣声声　鼓声声　时代的回音

风不停　云不停　脚步过千岭

向着梦想去奋进　我们有决心

奔跑吧　我和我的村

打开这幸福的大门

创造出我们的奇迹

"村BA": 观察中国式现代化的一个窗口
——台盘村乡村振兴故事

2023年8月19日，在台盘村"村BA"现场上演深山音乐会，为观众带来了一场音乐与民族文化的盛宴（曾皓飞 摄）

凝心聚力的团队就是我们

奔跑吧 我和我的村

打开这幸福的大门

热血在我心中沸腾

一日千里的时代就看我们

这首《奔跑吧，我和我的村》像台盘村的篮球一样纯粹，不仅在台盘村唱响，而且在省内外引发传唱热潮。

孙红莺接受采访时说，火爆的"村BA"震撼着她，对她来说这一次创作是全新的体验。她调动了全身的创作细胞。"村BA"是2022年才有的说法，村级篮球赛却是黔东南各个村寨在吃新节、过年等节庆中的传统活动。作为

"村BA"的未来

丹寨县人,她从小感受到家乡的篮球运动氛围。在观看台盘村"村BA"篮球赛后,她更有了切身的感受,很快就写好了歌词。

贵州—黔东南—丹寨,这块土地让她有着挥之不去的故乡情,她对这块土地爱得深沉。这一首歌词的出炉,同样饱含深情。孙红莺道出她的心声:"源源不断的创作灵感源于自己的爱好和这片热土的滋养。我感觉'村BA''村超'这些群众举办的零门槛的村级赛事,最大的意义在于体现了体育的纯粹性,同时也加强了整个村寨的凝聚力,增强了村民的荣誉感和归属感。"

这首歌曲以"美丽乡村"为主题,以乡村振兴为契机,记录了贵州省"美丽乡村"篮球联赛的盛况,展现了体育与音乐完美的结合。在孙红莺的眼里,"美丽乡村"不仅是村寨之秀美,也是生活的甜美。"在'美丽乡

身着盛装的苗族姑娘参加姊妹节的活动(刘开福 摄)

"村BA"：观察中国式现代化的一个窗口
——台盘村乡村振兴故事

"高山流水"——苗族的喝酒礼仪（杨建国 摄）

村'的建设中，我们每个人都是亲历者，见证者。美丽的背后一定有着感人的故事。台盘村'村BA'火遍全网，我们创作的主题歌也多次在现场唱响，作为音乐人能为家乡的赛事助力，是我们的责任也是荣耀。"孙红莺感慨地说。

一首专门为村级比赛定制的歌曲，打动了很多歌迷的心，也让球场上拼搏的球员充满了无穷的动力。

"每当听到这首歌，我们就会热血沸腾。"台盘村村委会主任、篮球协会会长岑江龙说，听着听着就泪流满面了，听着听着就浑身充满力量。

"想不到我们村里的比赛竟然还有自己的主题曲。"村民李正恩感到不可思议："太上档次了，太高级了！"

2023年6月，孙红莺为全国和美乡村篮球大赛（村BA）揭幕式创作了《高山流水敬酒歌》。这首歌在揭幕式上唱响，被网友誉为"高山瀑布"的

"村BA"的未来

歌曲，将黔东南的热情再一次展现在现场和全国观众的面前。

"让音乐助力体育，让群众文化活动助力乡村振兴。"孙红莺说，接下来准备为"村超"创作歌曲。

"我们也在考虑能不能办一些乡村音乐会。"这是"村BA"火爆后对孙红莺的启发。她说音乐能激发人内心细腻的情感，虽然和篮球运动表达的方式不同，但节奏感可以相通，音乐与篮球运动的结合一定会给我们带来震撼人心的美感和艺术的享受。这是一位音乐人对体育、对篮球运动的诗意理解。

事实上，她们做到了。2023年8月19日，全国和美乡村篮球大赛（村BA）西南赛区半决赛在台盘村举行，孙红莺参加了当天晚上的深山音乐会。她听到了歌手沙宝亮、朱克、潘倩倩、唐古、刘晓超等现场倾情献唱；看到了台江县艺术团、台江县本土乐队、台江县城关第三小学、城关第一小学苗疆合唱团、台江县中等职业学校、凯里市歌舞团等在"村BA"球场多姿多彩的民族文化表演。她在璀璨荧光灯和万人欢呼声中沉醉，感叹传统与现代的音乐文化在"村BA"球场上大放光彩，这就是音乐的魅力。

人间烟火气，最抚凡人心。现场超3万名观众的脸上洋溢着笑容，幸福指数在台盘村迅速上升。这一场音乐会被称赞为极具民族特色和人文关怀，更接地气，更加纯净，将民族音乐

孩子们在表演运球技巧（曾皎飞 摄）

和现代体育互相映衬,淋漓尽致展现了民族团结。

音乐是雅俗共赏的,正如篮球也是全民参与的体育赛事。音乐和篮球,这一刻实现完美的结合,在这片土地上找到了特有的生存和繁荣的土壤。

以篮球为载体,"我和我的村"在乡村振兴的大道上奔跑起来了。有网友热情地写下:不收门票的"村BA"、奖品淳朴实用的"村BA"、盆盆碗碗使劲敲的"村BA"、晚上比赛下午占座的"村BA"、为了我们村荣誉而战的"村BA"、充满热辣贵州风情的"村BA"、我请假都要来看的"村BA"、一起蹦"苗迪"的"村BA"、冒雨也要打的"村BA",总之"村BA"还是那个"村BA"。

这些朴实的语言,正如台盘村纯粹的篮球。

奔跑吧,篮球;奔跑吧,我和我的村。

奔跑吧,这个充满激情的时代。

"村BA"的未来

▶ **苗寨明天更美好**

> 它在梨树枝头上跳跃，黑白的羽毛
> 抖落数朵梨花，专注、快乐的样子
> 早已拨动了暖色调
> 如果你细心观察，春天已经发芽
> 伴随那古老的、动人的
> 叽叽喳喳，一只喜鹊
> 把春天提前唤醒
> ——题记

此刻，站在苗岭之巅，天高云淡、岁月静好、人间安详，自豪感在我的心中油然而生。2023年夏天，这部作品即将写完的时候，我再一次深入台盘村采访。从2022年10月以来，我不知道有多少次走进台盘村，每一次走进都给我焕然一新的感觉。"人民有信仰，民族有希望，国家有力量。"这条振奋人心的标语在阳光下熠熠生辉。我走在台盘村的街道上，浑身充满力量。

那一天，台盘村显得热闹非凡，那是因为《打球嘛朋友》第二季首站录制走进台盘村。这是一档趣味篮球竞技节目，为观众带来了趣味性与专业性兼具的全新篮球综艺观看体验。

在落日余晖中，我在村子里漫步。村外的巴拉河静静地流淌，河面泛着

"村BA":观察中国式现代化的一个窗口
——台盘村乡村振兴故事

金光,一派祥和的景象。黄昏时刻,村民们陆陆续续地来到球场,"咚——咚——"的篮球声不绝于耳。我被热情好客的村民们拉去家里喝酒。他们和我激情地谈论着某一场篮球比赛,畅想着村子美好的未来,他们已经把我当成了台盘村的一员。我无法拒绝他们的热情,从一碗接一碗的米酒中感受到了他们的真诚、可爱和信赖。不胜酒力的我已微醉,赶紧从酒桌上"逃"出来,来到篮球场上。球场上已经有许多村民在打篮球。他们朝我笑笑,又投入篮球运动中。

> 总想对你表白
> 我的心情是多么豪迈
> 总想对你倾诉
> 我对生活是多么热爱
> 勤劳勇敢的中国人
> 意气风发走进新时代

巴拉河缓缓流淌,两岸风景秀丽(曾皎飞 摄)

"村BA"的未来

喇叭正在播放《走进新时代》这首熟悉的歌曲，村民们在球场上打篮球的声音和歌曲的旋律交织在一起……这充满幸福的声音始终敲打在我的心坎上。一场场球赛在这个苗寨陆续打响。一个个好消息不断传来。

村民在忙着收割金黄的稻谷（曾皎飞 摄）

思想家黄宗羲说过："盖天下之治乱，不在一姓之兴亡，而在万民之忧乐。"摆脱贫困，是古今中外治国安邦的大事，也是中国共产党为中国人民谋幸福、为中华民族谋复兴的使命与担当。2020年3月3日，国家级贫困县台江县脱贫摘帽，台盘村和全国大大小小的村庄一样，打赢了脱贫攻坚这场具有重大历史意义的战役。摆脱贫困后，走在乡村振兴路上的台盘村村民有更多的时间来思考关于篮球和村寨发展的命题。

"村BA"火爆"出圈"后，台盘村注册了"村BA"商标，打造体育、文化、旅游相结合的产业链，目前共形成台盘村"村BA"系列商标设计图6个，申报台盘村"村BA"系列商标139件，已获国家知识产权局注册商标5件。我欣慰地从台江县人民政府了解到，台盘村通过以赛扶产，抢抓"村BA"给农产品、民族手工艺消费需求带来的新机遇，瞄准"稻+渔""茶+果"两个复合产业和中药材、食用菌、苗族银饰刺绣手工艺三个特色产业，通过"企业+村'两委'+农户""党支部+合作社+农户"等模式加强管理，同时延伸加工、仓储、包装、物流等产业发展链条，提升品牌效应。

台盘村先后引进了"D球村·乡村振兴团"、贵州省台江县喜悦祥银饰

"村BA": 观察中国式现代化的一个窗口
——台盘村乡村振兴故事

游客在阳芳村五彩稻田里漫步（蔡兴文 摄）

有限公司等机构和企业，在当地建成果蔬菜种植、银饰制作加工、豆腐加工等产业发展基地，发展"茶+果""稻+渔"、羊肚菌、中药材等5000余亩，鲟鱼"三产"融合示范园建设总投资2亿元，注册D球村品牌"山花蜜""台江秘境古树茶"等特色产品并在体验店展售。台盘村的农产品实现了华丽转身，绽放出属于自己的光彩。

乡村发展是历史命题，也是时代课题。党的二十大报告提出，全面推进乡村振兴。全面建设社会主义现代化国家，最艰巨最繁重的任务仍然在农村。坚持农业农村优先发展，坚持城乡融合发展，畅通城乡要素流动。加快建设农业强国，扎实推动乡村产业、人才、文化、生态、组织振兴。

台盘村努力打出一张融合牌，将"村BA"的特色招牌打出去的同时，把致富路走出来，积极推进"文化+旅游""文化+经济"等融合发展，为建设宜居宜业的和美乡村创造更好的条件。

吸引"流量"也许不太难，但打造"流量"更不易。如何让"网红"变"长红"？在台盘村，更大的计划正在酝酿中。在球场边的展板上，台盘村篮球小镇的规划示意图吸引了我的目光。规划示意图就是"作战图"，打造篮球小镇已经成为当地政府和台盘村村民的共识。由"村BA"赛事开创的"旅游新业态"正在形成。台盘村村委会主任、篮球协会会长岑江龙看到越来越火的村庄，心中有说不出的激动。自信的头始终抬起，腰板挺得笔直，他向我们描绘台盘村的未来：在台盘村建设游客接待中心、室内篮球馆、

"村BA"的未来

"村BA"商业街、稻田休闲区、"村BA"名人堂、足球场、网球场、健身步道，依托阳芳村的滑翔项目和缆车观光项目规划，把台盘村和阳芳村紧密联系在一起，通过民族节日文化和篮球赛事互促互融，必将带火周边村寨的经济。一火俱火，一荣俱荣。

台盘村借助乡村振兴·田园乡村示范点项目资金进行规划、升级打造。驻村第一书记张德绽开笑脸，眼前满是台盘村未来的景象。把台盘村周边的空寨村、阳芳村规划成三角旅游区，建设集"稻+渔"示范基地、五彩油菜景观、村级民宿、农家乐等于一体的特色研学旅游基地。他相信这样的场景在不久的将来一定会成为现实。他告诉我，要把台盘村"村BA"打造成一

台盘乡阳芳村农业观光园，处处洋溢着生机（曾皎飞 摄）

"村BA"：观察中国式现代化的一个窗口
——台盘村乡村振兴故事

个全国标杆。"村BA"球场的周边规划已经在他心里有了雏形，届时集休闲垂钓、烧烤露营、田园观光、科普接待等于一体的旅游基地将展现在世人眼前。到那时，将会拉动台盘乡辖区餐饮、住宿等行业消费。张德对未来满怀憧憬，信心十足。

国家现代农业产业园、国家农村产业融合发展示范园、国家级清洁生产创新试点园区等一批"国字号"项目和台江县水系连通及水美乡村建设项目、台江县食品加工产业园等特色产业项目，落户在台盘村周边。以台盘村为基点的国家4A级旅游景区蓝图已经在紧锣密鼓地规划之中。这是一个苗寨在乡村振兴路上的愿景。

蓝图绘就，正当扬帆破浪；任重道远，更需策马扬鞭。奔跑吧！我们的苗寨，我们的篮球。好消息像春天的嫩芽，在这个苗寨不断涌现。

当下，"村BA"从台盘村发源，在全国引起广泛关注。与其说是"村BA"的效应，不如说是乡村振兴路上的人民群众文化自信力增强的体现。文化自信是一个国家、一个民族发展中最基本、最深沉、最持久的力量。而台盘村的文化自信，通过篮球可见一斑。篮球是一种文化，更是一种智慧。台盘村的脱颖而出，证明了乡村振兴离不开文化力量的支撑。"村BA"的蓬勃发展让人切身体会到了乡村文化的强大自信，感受到了乡村文化的传统魅力，看到了农村群众对高质量精神文化生活的强烈需求，对美好生活的无限向往。

星星之火，可以燎原。台盘村是中国乡村振兴进程中的一个缩影，也是观察中国式现代化的一个窗口。在不久的将来，会有更多的台盘村，让乡村焕发出新的生命力，汇聚更为强大的力量。台盘村，这个位于黔东南大山深处的苗族村寨，在全面推进乡村振兴的路上，将会提供更多的参考和可能。

后记：从"村BA"到"村超"

从2022年夏天"村BA"火爆"出圈"那一天起，我一直思考要为台盘村写一部作品，选择用哪种文体来记录这一事件，我一直拿捏不准。

一直到2022年10月底，我决定以纪实的方式进行创作，才静下心来。那时，我的诗集《守望人间最小的村庄》，作为中国作家协会2022年度"中国少数民族文学之星丛书"之一，正由作家出版社出版发行。这部诗集给了我太多的启示，要以小视角折射大时代。

创作过程"痛并快乐着"，在我最困难的时候，曾一度想放弃。2023年5月9日，中国作家协会副主席陈彦一行到台江县开展宣传思想战线大调研。在调研中，陈彦副主席说"村BA"发端自然，演化自然，走红自然，是一个由人的生命渴望自由舒展健康而勃兴的自觉实践。他要求作家们创作更多的民族文学精品。他质朴的话语，让我找到继续创作下去的力量。

是的，台盘村的"小"承载着这个时代无限的"大"。在我的文学世界里，我会用尽美丽的词汇去描述新时代的山乡巨变。台盘村和中国若干个大大小小的村庄一样经历了艰苦卓绝的脱贫攻坚战。中国共产党在团结带领广大人民创造美好生活、实现共同富裕的道路上迈出了坚实的一大步。乡村发展的步伐显著加快，经济实力不断增强，基础设施建设突飞猛进，人的精神面貌焕然一新。在巨大的变化之下，每个人都有着深刻的感悟，每张脸庞都

"村BA": 观察中国式现代化的一个窗口
——台盘村乡村振兴故事

有着丰富的表情。

在伟大的历史进程中,台盘村的火爆"出圈",震动着我的思想和心灵,留给我深层次的思考。我深深地意识到,应该以更加宏大的历史视野,在富有时代特色的现实中,观察这个村庄的变化,感知一株小草勃发的力量,看见篮球给这个村庄带来的生机,聆听每一个生命个体的欢呼。我已经记不得多少次前往台盘村,也记不得和多少村民喝过酒,聊过天,以各种方式接触台盘村"村BA"的相关人员。我为他们的真诚、朴实而感动,为他们的努力、拼搏而感动。在这个村子里,我看到篮球释放出前所未有的能量。在乡村振兴的过程中,村庄发生了可喜的变化,老百姓的脸上洋溢着幸福的笑容。

"村BA"超越了一场篮球比赛本身的意义。这一场由村民自发组织的篮球赛事,吸引了世界的目光,为各民族搭建了平台,拓宽了交往交流交融的场域。"村BA"已经由一场纯粹的篮球赛上升到一个关于文化自信、关于乡村文明、关于乡村振兴的文化事项,向世界展现了我国各族人民和睦相处、共同繁荣进步的美好生活画面。

2023年5月,一山之隔的榕江县"村超"也火爆"出圈"。这让我感到惊讶的同时,也感觉是那么的理所当然。从"村BA"到"村超",在掀起一波又一波的热潮中,人们感受到了体育纯粹的快乐,发出了来自内心的欢呼。生活在黔东南的人们,以纯粹的、朴素的、大众的、接地气的方式创造了一场场具有影响力和民族文化氛围的体育赛事,在这块净土之上创造了人间奇迹。

2023年7月29日晚,"村超"在璀璨烟花的欢庆中落幕。历时两个半月,20支足球队火热"厮杀"了98场,引来众多媒体、明星、"网红"助威。"村超"点燃了这个火热的夏天。一场场惊艳全场的赛事,像踢向山外

后记：从"村BA"到"村超"

的一记"世界波"，热度持续不减。

2023年7月30日晚，"村BA"在山呼海啸般的呐喊中上演巅峰对决，精彩绝伦。从2022年"六月六"吃新节到2023年"六月六"吃新节，火爆"出圈"一周年的"村BA"篮球赛依然火爆如初。现场深山音乐会的精彩演出，引来无数观众参与互动，媒体持续发力，外界高度关注。

每一次收官，都是全新的开始。如今在地图软件上，"村BA"篮球场和"村超"足球场已经有了专门的坐标。对于贵州省来说，因为篮球和足球，更多的机会正在黔东南这片土地上"萌芽、生长"。"村BA""村超"的火爆"出圈"归功于"天时地利人和"。兴旺起来的社会主义新农村，呼唤一场全国大范围的"精神还乡"。今日的乡村再也不是以往的乡村。人们过上了越来越好的小康生活，渴望更宽广的精神世界，拥有更丰富的精神追求，展示更积极的精神面貌。

日前，农业农村部、国家发展和改革委员会等九部门联合印发《"我的家乡我建设"活动实施方案》，提出"鼓励引导退休干部、退休教师、退休医生、退休技术人员、退役军人等回乡定居，当好产业发展指导员、村级事务监督员、社情民意信息员、村庄建设智囊员"。这一重磅信息让乡村价值重回社会视野。江河万里总有源，树高千尺也有根。乡村振兴呼唤更多能人返乡。"村BA""村超"激发了文化自信，为鼓励能人回乡提供了助力。

党的二十大报告指出，中国式现代化是全体人民共同富裕的现代化，是物质文明和精神文明相协调的现代化，是人与自然和谐共生的现代化。"村BA"的火爆"出圈"，看似偶然实则必然，这正是台盘村对党的二十大精神的生动实践。台盘村通过体育赛事带动经济发展，走出了一条中国式现代化建设新时代乡村的新路径，为推动乡村产业、人才、文化、生态、组织振

"村BA": 观察中国式现代化的一个窗口
——台盘村乡村振兴故事

兴，积极主动服务国家乡村振兴战略作出了贡献。

深夜，我在电脑前写下了《从"村BA"到"村超"》这首诗。

  他们说：热爱，可抵岁月漫长

  他们说：快乐，拥有无穷力量

  当一场乡村的球赛在我生命里打响

  我在夹杂着鸡鸣犬吠的欢呼声里

  找到了精神寄托

  当足球从我头顶飞过

  无数的星星来到了人间

  偌大的绿茵场，升起一道彩虹

  速度带来的激情

  在这里得到全部释放

  我独爱那105米×68米的疆域

  长途奔袭与短兵相接

  一个足球带着我的心跳

  剑客已杀入了敌阵

  在掌声里，我看见了

  生命最纯粹的部分

  从"村BA"到"村超"

  从台江到榕江，我看见了

  简单的快乐，纯粹的体育

后记：从"村BA"到"村超"

> 百姓的欢喜、村庄的繁荣、国家的兴旺
>
> 基层的有序治理，蓬勃的乡村振兴
>
> 从"村BA"到"村超"
>
> 我看见了这个民族藏在心里的自信
>
> 我看见了这个民族肩上的责任和担当
>
> 我看见了他们共同的文化印记

此刻，我们不得不静下心来思考，这两项乡村体育赛事为什么会如此火爆？为什么会以燎原之势越来越火？

开赛热场、中场表演、赛后狂欢……"村BA""村超"刮起的"最炫民族风"，成为很多人心动的一大理由。"村BA""村超"释放了满满的"幸福能量"，奏响了民族团结奋进共筑中国梦的新时代号角。人们以自己的方式展演了铸牢中华民族共同体意识的民族大团结大联欢。不管是"村BA"还是"村超"，只要一开打，每一场都是人山人海，观众上万；网络不断冲上热搜，流量动辄过亿。

"流量密码"加上"文化密码"，台江的篮球和榕江的足球，遇上了最好的时代。篮球、足球以这种直观、纯粹的方式呈现，人们发自内心的喜爱和支持是"村BA""村超"火爆的"流量密码"。"村BA""村超"展现出来的蓬勃生机，是民族文化与体育运动碰撞出的绚丽火花。

合适的种子找到合适的土壤，春天就已经来临。"流量密码"与"文化密码"的加持，让"村BA"成为我国篮球运动史上颇受关注的乡村篮球赛；"村超"的横空出世，成就独一无二的文旅品牌，贵州已成为全国体育运动的"网红打卡地"。

在黔东南，这两大赛事像石子投入平静的湖面，激荡起阵阵涟漪。"村

"村BA"：观察中国式现代化的一个窗口
——台盘村乡村振兴故事

BA""村超"增添了乡村生活的色彩，点燃了人们的无限激情，成为新时代农民不断追求美好生活的缩影。原来快乐是如此的简单，原来乡村的生活还可以如此精彩。乡村振兴征程漫漫，富起来的农民不仅满足于物质上的丰富，更需要精神上的多彩。

"村BA""村超"共同承载着古老的"文化密码"，彰显了乡土魅力。一个"村"字，是它们共有的姓氏。这就意味着"乡土"是它们的本色。我们要把比赛真正交给老百姓。村民才是运动场上的主角。

"村BA""村超"的火爆"出圈"，不是偶然的事件，而是历史在推进过程中的必然。这个必然承载着厚重的乡愁记忆、乡愁味道，映照了广大农村火热的生活图景，构建了新的文明秩序，引领着乡村文化振兴。

吹芦笙、唱苗歌、蹦"苗迪"；听侗歌、赏民俗、品美食。火热的时代、火热的乡村生活诞生了充满人民群众智慧的"村BA""村超"，其间的烟火气、乡土味、乡情味、乡愁味，形成了打动人们内心的重要力量。

"村BA""村超"的火爆充分说明：这不仅仅是体育赛事，还是在新时代里开创的一条新路，凝聚了乡村振兴的磅礴力量。在这个伟大时代里，蓬勃发展的乡村体育运动展现了村民自信、团结、拼搏的良好精神风貌。

"人民对美好生活的向往"成为乡村发展的巨大动力。乡村体育运动飞速发展的背后，催生了人民对美好生活的向往转化为全面推进乡村振兴的内生动力。一大批年轻人积极响应党和国家的号召，自觉把乡村作为施展智慧才华、成就人生价值的广阔天地，利用自身的知识、技能、眼界、思路，积极投身到乡村振兴的伟业中。

在乡村振兴进程中，如何让农村广大的人民群众更加便利、更有激情地参与到体育运动中，不断满足其精神文化需求，是我们需要不断探索的课题。这也必将为乡村振兴带来更多的动力。

后记：从"村BA"到"村超"

从"村BA"到"村超"，这只是个案。如今，政府借势发挥"体育+"辐射效应，打造消费新场景、旅游新业态、产业新模式，小乡村迸发大能量，带动了黔东南这块热土前所未有的发展势头。"以赛助旅、以赛扶产"全产业链条和消费新场景、旅游新业态、产业新模式正在形成。台盘村积极主动打造了脱贫攻坚衔接乡村振兴的新样本，为探索乡村振兴提供了参考。

进入新时代，中国共产党带领人民群众创造了火一般红的生活图景。我看到了中国农村展现出可喜的景象：文体活动热闹非凡，乡风民风不断向好，新的秩序已经建立，农民的口袋逐渐鼓起来，人们的日子过得越来越红火，乡村振兴之路越走越宽阔，大家对未来充满了信心。农村正在以强大的内生动力和现代时尚的方式开创了乡村振兴和中国式现代化的新路径，正在向全世界讲述中国乡村蓬勃发展的故事。

日前，由国家体育总局会同中央精神文明建设办公室、国家发展改革委、教育部、国家民委、财政部、住房城乡建设部、农业农村部、文化和旅游部等部委联合印发《关于推进体育助力乡村振兴工作的指导意见》，为"村BA""村超"乡村文化振兴的新实践插上政策的硬"翅膀"，相信不久的将来，中国广袤的乡村将不断迸发出新的生机与活力。

"村BA""村超"方兴未艾，未来可期，中国未来可期。

本书的顺利出版要特别感谢贵州出版集团和贵州民族出版社给予的大力支持。在图书的不断加印中，与编辑团队一起对内容加以润饰。

行文至此，我的窗外响起了《欢乐的苗寨》的歌声：

>如今变了样的苗寨
>
>敲打着叮咚寄托着幸福吉祥
>
>热闹欢快的鼓笛声
>
>招龙舞盘皇舞美丽的舞姿让人醉

啊，欢歌曼舞

彰显兄弟姐妹情谊

啊，欢歌曼舞

彰显兄弟姐妹情谊

欢乐的苗寨生活

一年比一年更美好

啊，欢歌曼舞

彰显兄弟姐妹情谊

啊，欢乐的苗寨生活

一年比一年更美好

欢乐的苗寨生活

一年比一年更美好